우주로 간 발명 수업

도미닉 윌콕스, 캐서린 멘가든 지음 | 정수진 옮김

명랑한 책방

Originally published in the English language by HarperCollins Publishers Ltd. under the title:
LITTLE INVENTORS IN SPACE!: Inventing Out of This World

Image©Little Inventors
Text©Little Inventors
Drawings©Dominic Wilcox

Little Inventors® is a registered trademark of Little Inventors Worldwide Ltd.
Translation©Jolly Books, 2 January 2024, translated under licence from HarperCollins Publishers Ltd.
Dominic Wilcox and Katherine Mengardon assert the moral right to be acknowledged as the authors of this work.

Korean translation copyright©2024 by Jolly Books
Korean translation rights arranged with HarperCollins Publishers Ltd
through EYA Co.,Ltd.

우주로 간 발명 수업

초판 1쇄 발행 2024년 1월 2일
초판 2쇄 발행 2024년 12월 2일

지음 도미닉 윌콕스, 캐서린 멘가든 | **옮김** 정수진
편집 공은주, 신대리라 | **마케팅** 이민재 | **제작** 357제작소

펴낸이 공은주 | **펴낸곳** 명랑한 책방 | **출판등록** 2017년 4월 21일 제 2017-000011호
편집 010-5904-0494 | **영업** 010-8778-8586 | **팩스** 050-4252-8586 | **이메일** thejollybooks@gmail.com
인스타그램 jolly.books.official | **웹사이트** jollybooks.co.kr

ISBN 979-11-91568-13-4 (73400)

* 이 책은 저작권법에 따라 한국에서 보호를 받는 저작물이므로 무단 전재와 무단 복제를 금지하며,
이 책 내용의 전부 또는 일부를 이용하려면 반드시 저작권자와 명랑한 책방의 서면 동의를 받아야 합니다.
* 값은 뒤표지에 있습니다.
* 잘못된 책은 구입한 곳에서 바꾸어 드립니다.

1장

발명가로 변신할 시간!

우주 발명품을 만들어요!

리틀 인벤터스

여기 어린이들이 번뜩이는 아이디어를 가지고 있다고 믿는 사람들이 있어요.
바로 리틀 인벤터스지요.

전 세계 곳곳에서 **여러분 같은 어린이**들이
엄청나게 많은 발명 아이디어를 보내 주고 있어요.

윌리엄, 11살 '**우주 속의 집**'이라는
아이디어를 보냈어요.

보내 준
아이디어를 하나씩
살펴볼 때마다
가슴이 벅차요.
여러분이 세상을
바라보는 눈은 정말
특별해요!

우리는 **예술가, 디자이너, 각 분야의 전문가**들과 함께 독특한 아이디어를 골라 실제 모형, 애니메이션, 3D 이미지로 만들고 있어요.

사진: 스펜서 바클레이

윌리엄의 아이디어는 **리틀 캐나다***의 미니어처 아티스트 스펜서 바클레이가 근사한 모형으로 만들어 주었어요.

이렇게 만들어진 발명품은 **온라인이나 오프라인 전시회에서 만날 수 있어요!** 여러분처럼 생각하면 얼마든지 세상을 바꿀 수 있다는 걸 모두에게 알리고 싶거든요.

'우주 속의 집'은 박물관에서 볼 수 있고, 홈페이지 littleinventors.org에서도 구경할 수 있어요.

* 리틀 캐나다: 캐나다 토론토에 위치한 미니어처 전시관

발명은 작은 아이디어로부터!

아이디어는 언제 어디서든 불쑥 떠오를 수 있어요. 떠오른 아이디어를 계속해서 발전시키면 된답니다!

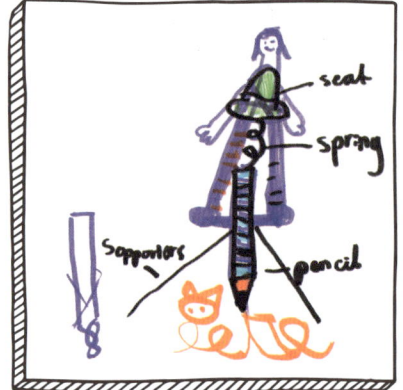

실물 제작: 엘라 메리먼

사진: 캐서린 리더

야외에서 이것저것 상상하며 무얼 하고 놀까 고민할 수도 있고…

할리, 8살
콩콩 뛰면서 운동장에 그림을 그릴 수 있는 **스카이콩콩 연필을** 발명했어요!

어딘가로 갈 방법을 궁리할 수도 있고…

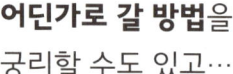

알렉산더, 8살
3층 버스를 발명했어요.

실물 제작: 대블대블 대표 **크리스 폴웰**

사진: 사라 기라하임펠트

지루한 상황을 좀 더 재밌게 바꾸고 싶을 수도 있고…

마야, 8살
사탕 달린 등산 모자를 발명했어요. 동생이 지쳤을 때, 계속 걸을 수 있도록 도와줘요.

실물 제작: **알렉스 매켄지**

해결하고 싶은 문제가 있을지도 몰라요.

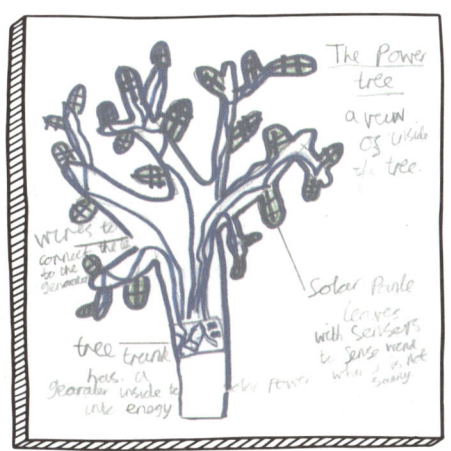

허니, 10살
태양열 나무를 생각해 냈어요. 햇빛으로 에너지를 만드는 멋진 방법이지요?

실물 제작: 옥토 디자인, **피터 사이먼 코일**

상상력의 날개를 펼치면 **무엇이든** 할 수 있어요!

지구를 떠나 우주로 간 어느 어린이 발명가의 아이디어

코너, 11살
리틀 인벤터스 우주 발명 챌린지에 아이디어를 보냈어요.

코너는 **발자국을 새길 수 있는 우주 부츠**를 생각했어요. 우주비행사들이 달에 자기만의 특별한 발자국을 남길 수 있는 부츠 말이에요!

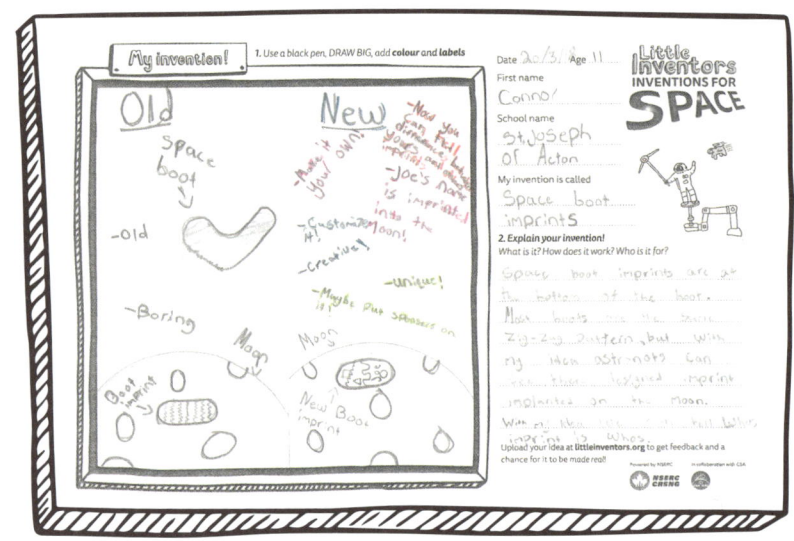

챌린지에서 우승을 차지한 코너의 아이디어는 신발 디자이너 **크리스 벨아미**의 도움을 받아 진짜 부츠로 탄생했어요.

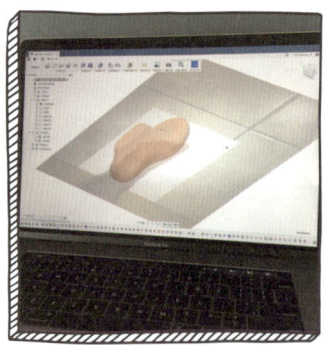

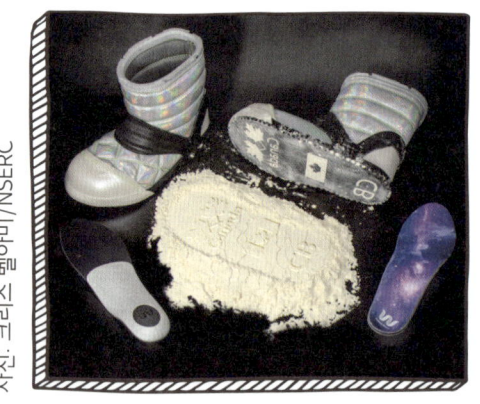

사진: 크리스 벨아미

사진: 크리스 벨아미/NSERC*

* NSERC: 캐나다 자연과학 및 공학 연구학회(Natural Sciences and Engineering Research Council)

캐나다우주국(Canada Space Agency) 에서도 굉장한 아이디어라며 뛰어난 발명품 중 하나로 선정했지요!

코너는 국제우주정거장과 교신하는 **기지국 체험 프로그램**에 초대되어 우주비행사 **데이비드 세인트-자크**와 이야기를 나누기도 했어요.

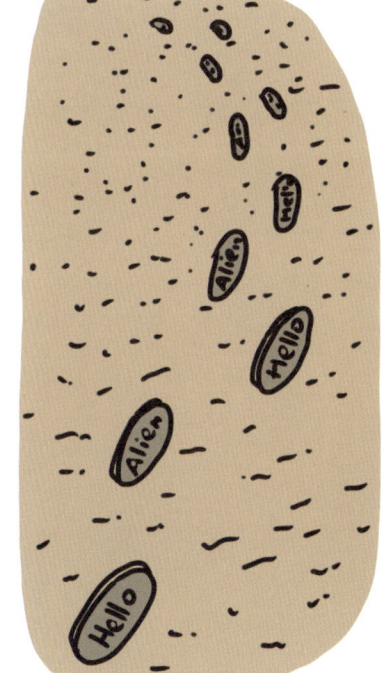

또 발명품을 그린 종이가 우주정거장 안에서 지구 궤도를 도는 모습도 볼 수 있었답니다!

2장

무한한 가능성으로 가득한 미지의 세계…

아주 특별한 곳, 우주

우주를 꿈꿔요!

수 세기 동안 우리는 지구에 대해 많은 걸 알게 되었어요.
하지만 우주는 여전히 **알려지지 않은 사실이 훨씬 많은** 신비의 세계지요.
무엇이 있는지, 어떻게 생겨났는지, 알 수 없는 미스터리로 가득하답니다.
새로운 아이디어와 상상력을 펼칠 무대로 완벽하지 않나요?

우주는 **사람이 살기에 몹시 어려운 곳**이에요.
지구를 감싸는 공기층인 대기권을 벗어나면 견딜 수 없이 더워지거나
추워져요. 게다가 숨 쉬는 데 필요한 공기도 없고,
방사선이 아주 강해서 큰 병에 걸릴 수도 있어요!

어쩌면, 이렇게 **많은 가능성과 어려운 과제**가 뒤섞여 있어 우주와 발명이 썩 잘 어울리는지도 몰라요.

우주 탐험의 역사

인류가 우주 탐험을 꿈꾼 것은 수 천 년도 더 되었지만, 꿈을 실제로 이룬 것은 **60년도 채 되지 않았어요.** 그사이에 얼마나 많은 '최초'가 있었는지 아나요?

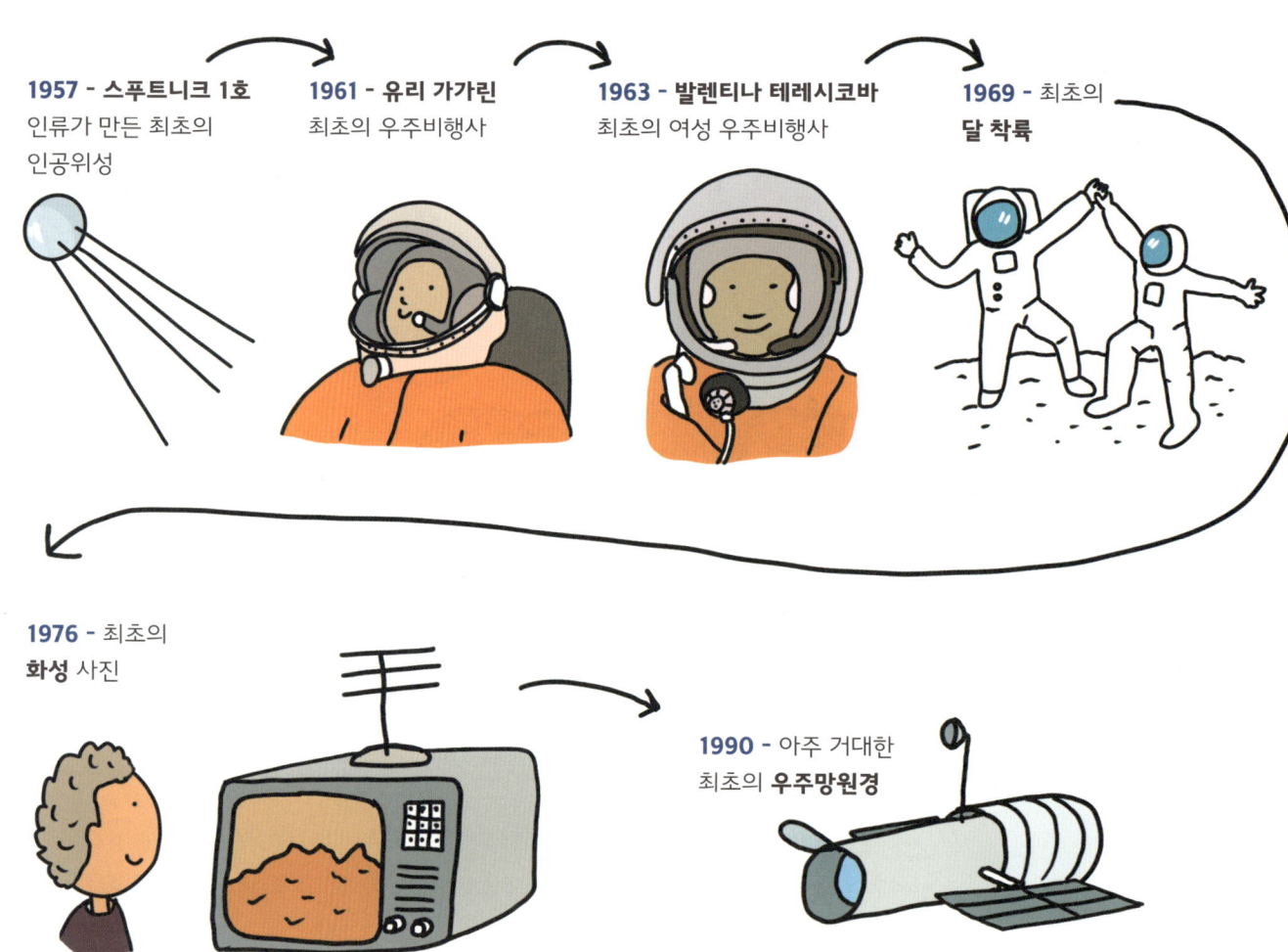

1957 - 스포트니크 1호
인류가 만든 최초의 인공위성

1961 - 유리 가가린
최초의 우주비행사

1963 - 발렌티나 테레시코바
최초의 여성 우주비행사

1969 - 최초의 **달 착륙**

1976 - 최초의 **화성** 사진

1990 - 아주 거대한 최초의 **우주망원경**

1997 - 최초의 화성 표면 **탐사선**

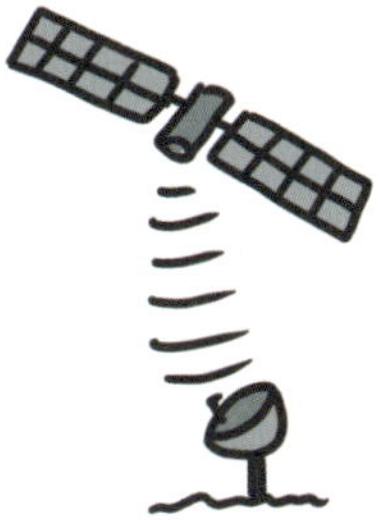

2000 - 인류가 계속 머무를 수 있는 최초의 우주 기지, **국제우주정거장**

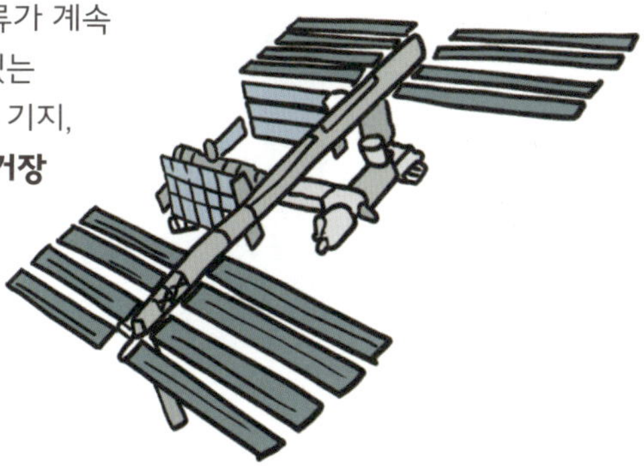

1957년부터 2000년 사이에 무려 9,000개에 이르는 인공위성이 우주로 발사되어 우리가 소통하는 방식을 바꾸어 놓았답니다.

2014 - 우주탐사선이 최초로 **혜성에 착륙!!!**

2018 - 리틀 인벤터스의 첫 **우주 발명 챌린지**가 캐나다에서 열렸어요!

8만 명 이상의 어린이가 참여한 이 챌린지에서 발명품 30개가 실제 작품이 되었지요.
그중 특히 돋보였던 작품들을 이 책에서 소개할게요!

이다음에는 어떤 최초가 기다리고 있을까요?
달기지, 어쩌면 화성 기지가 아닐까요?
더 먼 우주로 나아가기 전까지는 말이지요!

우주 덕분에 탄생한 발명품

우주비행사를 위해 만든 발명품 중 우리 생활에서 자주 사용하는 물건들이 있답니다.

냉동 건조 식품

우주비행사들은 영양가가 높고 가벼우면서 오래 보관할 수 있는 음식이 필요해요!

음식을 냉동 건조하면 영양가는 80퍼센트만큼 보존되고 무게는 원래 무게의 20퍼센트밖에 나가지 않아요!

운동화

유명 운동화의 공기가 든 밑창은 우주비행사 헬멧에 사용된 기술로 만들었답니다. 더 편안한 느낌을 주기 위해서지요.

스마트폰 카메라

과학자들은 우주선에서 쓸 수 있도록 작고 성능 좋은 카메라를 개발했어요. 이제 그 카메라가 많은 스마트폰에 사용되지요!

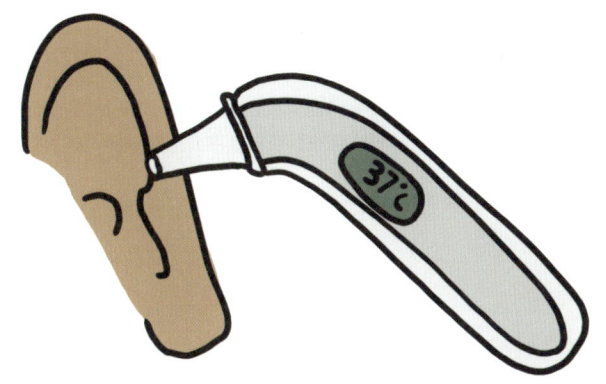

귀 체온계

적외선 기술을 이용해서 순식간에 빠르고 안전하게 체온을 재는 기구예요. 원래 우주에 있는 우주비행사들의 건강 상태를 확인하기 위해 개발되었답니다!

메모리폼 매트리스

몸을 탄탄하게 받쳐 줘 편히 잘 수 있도록 돕는 메모리폼 매트리스와 베개를 알지요? 사실 메모리폼은 몇 시간이나 똑같은 자세로 앉아 있어야 하는 우주비행사들이 조금이라도 더 편하게 지낼 수 있도록 돕기 위해 만들어졌어요.

의족

메모리폼 기술은 실제 다리처럼 보이는 의족을 만들 때도 사용해요. 그뿐만 아니라 우주선 조종에 사용되는 로봇 기술도 의족이 더 자연스럽게 움직일 수 있도록 하지요.

발사 준비됐나요?

어린이 발명가 여러분, 이 책과 함께 우주를 탐험해 볼까요? 밤하늘 관찰부터
다른 행성의 생명체를 만나기 위한 준비까지, 흥미진진한 모험이 기다리고 있어요.
우주에서 살면 무엇이 불편할지 생각해 보고, 그 문제를 해결할 수 있는
여러분만의 우주 발명품을 만들어 보세요!

우주 최고 발명가, 도미닉 윌콕스가 안내할게요!

도미닉이 발명한 스테인드글라스 무인 자동차가 달에서 다니는 모습을 상상해 보세요!

발명에 처음 도전하는 친구들을 위한 꿀팁

진지할 필요 없어요!

'우주'라고 하면 뭔가 심오하게 들릴지 모르지만,
발명할 때는 그리 심각해질 필요 없어요!
물리 법칙이나 규칙 따위에
기발한 아이디어를 가두지 마세요.

일단 아이디어를 떠올리는 게 가장 중요해요.
어떻게 작동시킬지는 다음 문제랍니다!

상상력을 마음껏 뛰놀게 하세요!

발명은 여러분의 상상력이 **마음껏 뛰놀도록
허락**하는 일이에요. 이런저런 궁리를 하다가
탐색도 해 보고 실험하기도 하면서, 어떻게 하면
모든 게 딱 맞아떨어지는지 살펴보는 거지요.
상상력을 마음껏 발휘할수록 더 좋아요!

참고할 만한 아이디어를 찾으세요!

세상의 모든 아이디어가 완전히
새로울 필요는 없어요.
알고 보면 이미 존재하는 발명품을
더 낫게 고친 발명품도 많답니다!

그러니 호기심 어린 눈으로
다른 아이디어도 살펴보세요.
멋진 생각이 떠오를지도 몰라요!

낙서로 시작하세요.

뭘 그리려는 건지 몰라도 괜찮아요.
손이 가는 대로 아무거나 그리다가
그림 안에 무엇이 보이는지
상상하는 것도 좋아요!

liitleinventors.org에서 다른 어린이
발명가들의 작품을 구경해 보세요.

우주에서 무엇을 하고 싶은가요?

⬆ 우주에 있는 여러분의 모습을 그리세요.
우주복과 헬멧은 필수!

가고 싶은 곳

같이 가고 싶은 사람

최초로 발견하고 싶은 것

나만의 별자리를 만들어요!

밤하늘의 여러 별자리에서 관찰할 수 있는 별들의 이름이에요. 마음에 드는 별을 골라서 이어준 다음 여러분만의 별자리를 만들어 보세요! 이름도 지어주면 좋겠죠!

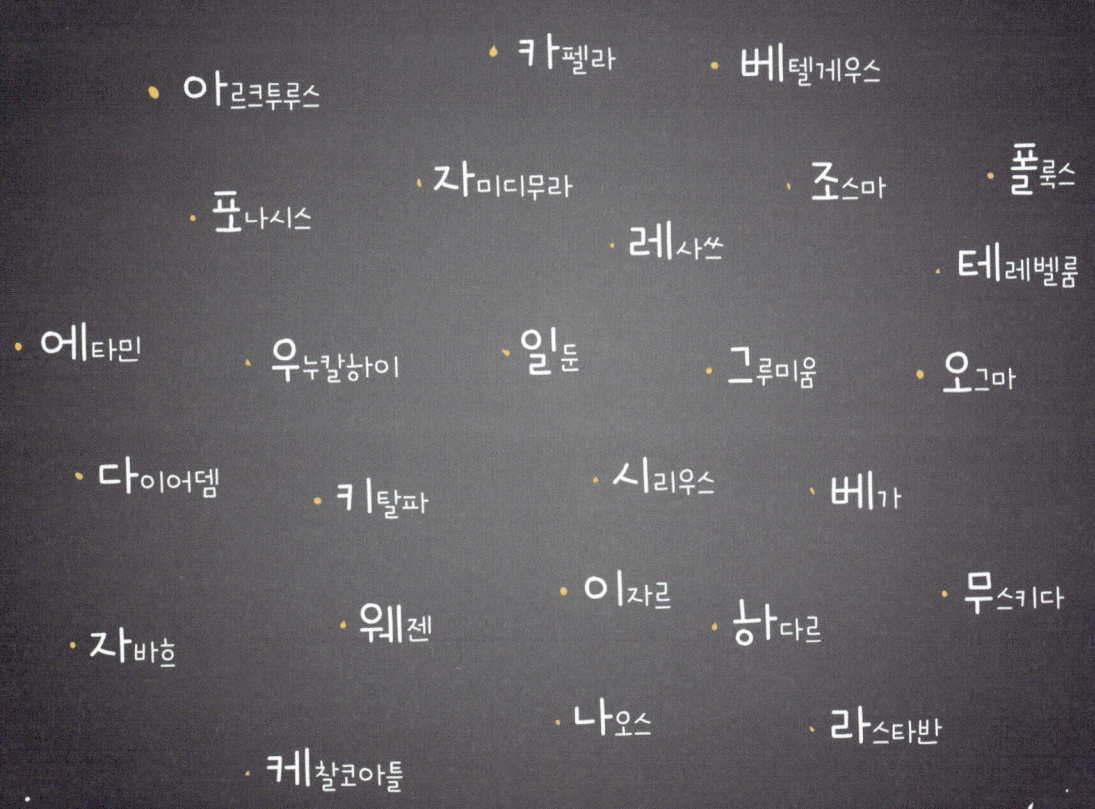

별자리는 어떤 모양인가요?

3장

지구 밖으로 떠나자!

하늘 너머 더 큰 세상으로

하늘 위, 우주를 봐요!

우리는 살면서 다양한 활동을 통해 주변 사물을 파악합니다.
예를 들어 자동차, 집, 학교와 같은 사물이 무엇인지, 얼마나 큰지,
우리에게서 얼마나 떨어져 있는지 알고 있지요.

하지만 밤하늘을 올려다보면…

완전히 다른 차원의 세상이 눈앞에 펼쳐져요.
머리 위로, 밤하늘이 말 그대로 끝없이 펼쳐지지요.
하늘과 그 너머의 우주를 바라보는 건
무한한 세계를 마주하는 일이에요.

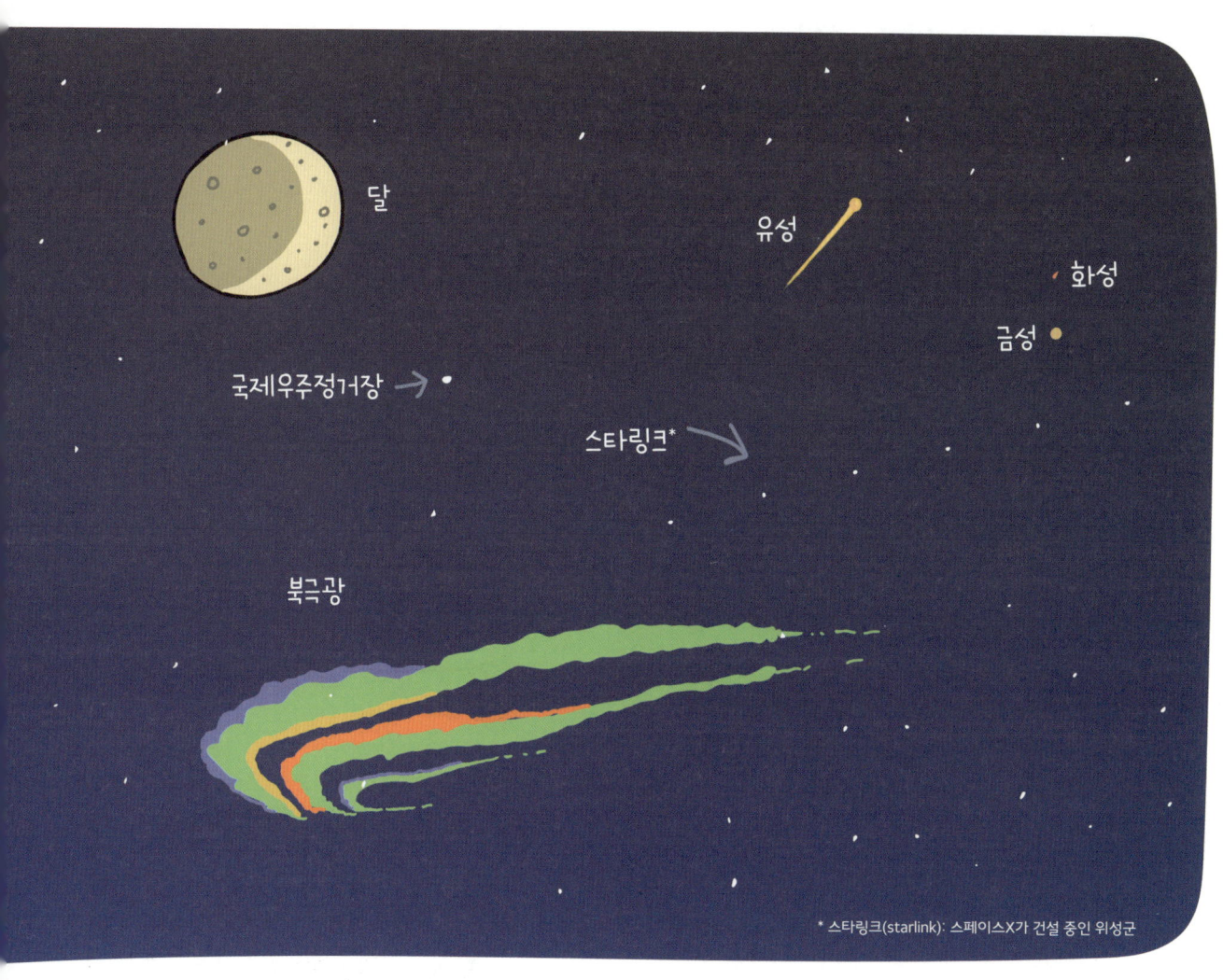

혜성과 별, 행성, 은하계로 가득한 무한한 공간, 우주. 이 모든 것들이 모여 **광활한 우주계**를 이룹니다. 그 안에 우리 인류가 지난 60년 동안 쏘아 올린 것들도 포함되어 있어요.

우주에서 보이는 것들

하늘을 올려다보거나 망원경으로 보면 수백만 개의 별이 보여요.
물론 태양과 달도 보이지만 이게 전부는 아니랍니다!

수성, 금성, 화성, 목성, 토성은 맨눈으로 볼 수 있는 행성이에요.
아주 작은 점처럼 보이지만, 사실 어마어마하게 크답니다!

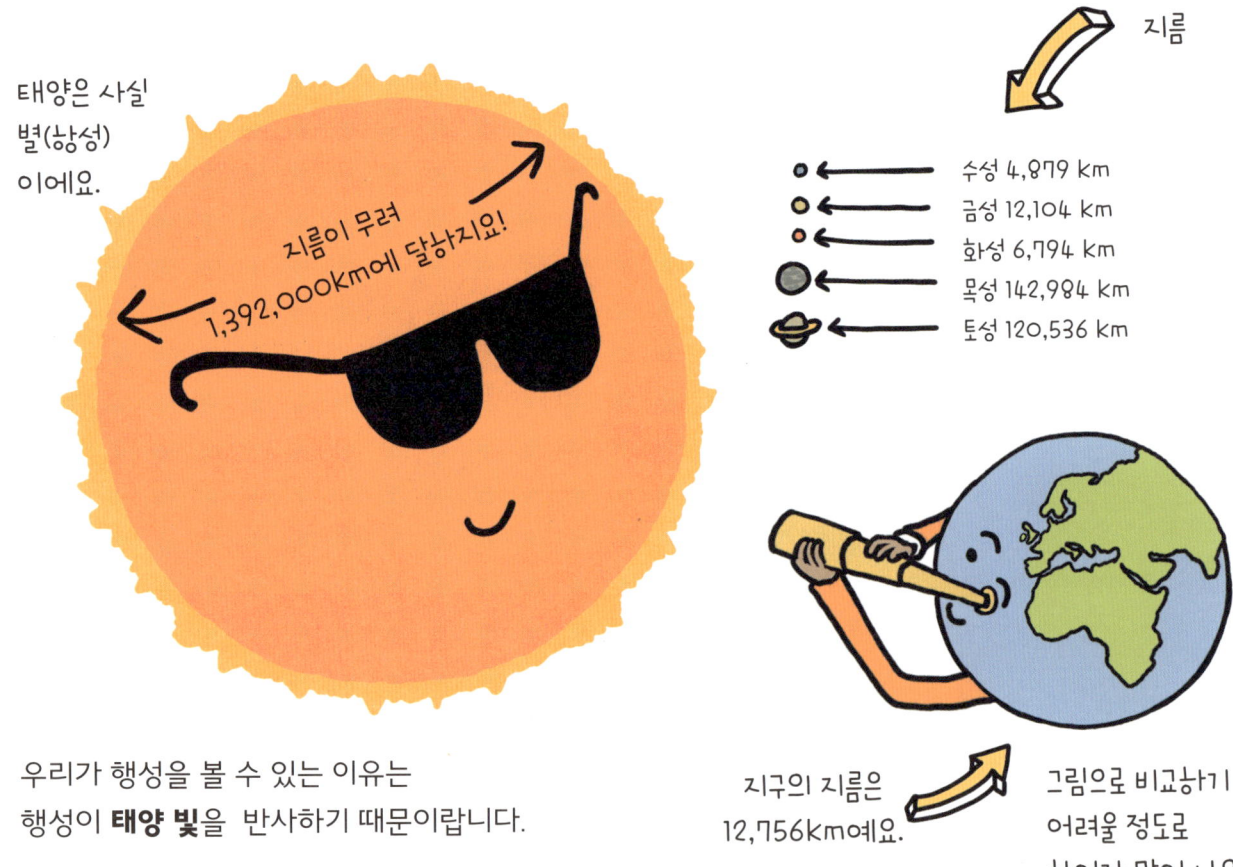

별들의 구성 성분

한 마디로, 아주 뜨거운 가스로 이루어져 있어요!

시리우스, 베텔게우스, 리겔은 우리 눈으로 볼 수 있는 가장 밝은 별이에요.

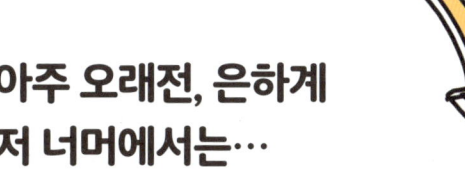

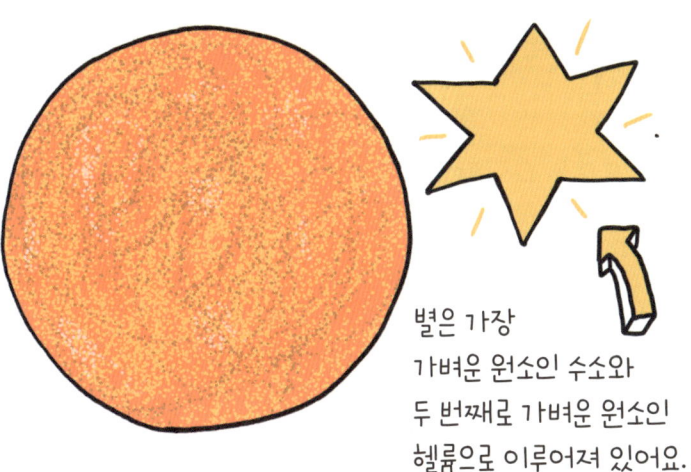

별은 가장 가벼운 원소인 수소와 두 번째로 가벼운 원소인 헬륨으로 이루어져 있어요.

아주 오래전, 은하계 저 너머에서는…

우리 은하계에는 이런 별들과 더불어 1500억 개가 넘는 별들이 있어요. 가끔은 가장 큰 이웃 은하인 안드로메다은하도 보일 때가 있지요!

인간이 쏘아 올린 물체들

밤하늘에 떠 있는 물체 중에는 우리와 아주 가까운 것도 있어요. 바로 우리가 우주로 쏘아 올린 물체들이지요.

그중에서도 국제우주정거장은 지구 주변을 **매일 16바퀴씩** 돌고 있는데, 해 질 녘이나 새벽에 가장 잘 보인답니다!

빛 공해

우리가 사용하는 조명에서 나오는 빛 때문에 밤하늘의 별을 보기가 어려워졌어요. 그래서 세계 곳곳에서는 밤하늘 보호 구역을 지정하여 빛 공해를 줄이기 위한 노력을 하고 있답니다.

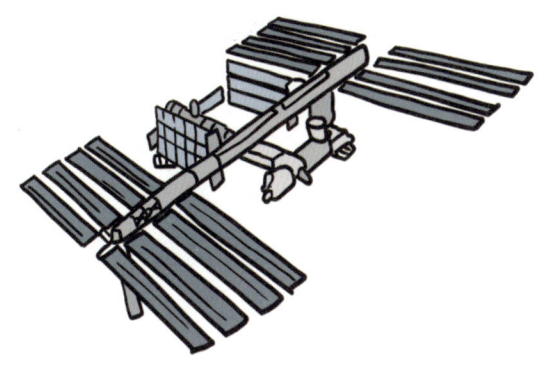

우주에 있지만 보이지 않는 것들

우주는 그야말로 광대하고, 우리가 볼 수 있는 것들은 일부에 지나지 않아요.

너무 멀리 떨어져 있어서 보이지 않는 행성, 은하, 별도 있고,
빛을 받지 못해서 보이지 않는 것들도 있거든요.

중력

우주에 있는 모든 물체가
서로를 잡아당기는 힘이에요. 지구 위에
서 있는 우리가 우주로 떨어져 나가지 않는 건
중력 덕분이지요.

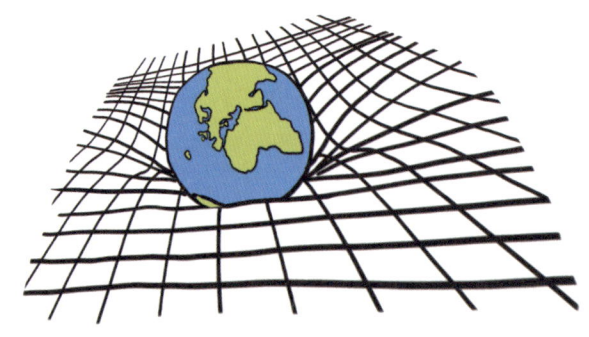

블랙홀

주변의 모든 것을 빨아들여요.
빛까지도요!

암흑 물질

별과 행성들 사이를 메우고 있는 물질이에요. 우주가 흩어지지 않도록 잡아주고 있다고 할까요?
빛을 전혀 반사하지 않기 때문에 눈에 보이지 않는답니다.

우주 쓰레기

인류가 오염시킨 것은 지구만이 아니에요. 만일 계속해서 쏘아 올리는 각종 엔진과 기계, 위성이 고장 나면 어떻게 될까요? 나사(NASA)에 따르면 인류가 우주로 진출한 이후, **약 50만 개에 달하는 우주 쓰레기 또는 파편**이 지구의 궤도를 따라 떠돌고 있다 해요.

과학자들은 **점점 쌓이는 우주 쓰레기**야말로 바로 해결해야 할 문제로 보고 있어요. 그래서 꽤 독특한 아이디어들을 내고 있지요.

우주 청소 시작!

오래된 인공위성, 로켓 파편, 혜성 조각처럼 수많은 우주 쓰레기가 떠다니면서 인공위성이나 우주선과 충돌할 위험이 커지고 있어요. 그래서 세계 여러 나라에서 **우주 쓰레기를 처리할 방법**을 연구하고 있지요.

먼저, 쓰레기를 궤도에서 다시 지구로 가져오는 **팩맨 시스템***이 있어요. 위성에 달린 로봇 팔이 쓰레기 더미를 물고 함께 지구로 떨어지는 방법이에요.

쓰레기가 대기권으로 들어오면 움직이던 속도와 마찰 때문에 불에 타 버린답니다.

오래된 로켓 쓰레기 100킬로그램 수거 완료!

태우자!

우주 쓰레기를 궤도 밖으로 치우는 팩맨 시스템을 어떻게 만들면 좋을까요?

아이디어를 적으세요.

* 팩맨 시스템: 스위스에서 발표한 우주 쓰레기 처리 계획으로 게임 '팩맨'에서 이름을 따옴.

또는 새로운 로켓을 보내 **오래된 인공위성 부품**을 회수해 자기 본체에 덧붙이게 하는 방법도 있어요. 재활용을 통해 새로운 인공위성을 만드는 거지요. 괜찮은 아이디어죠?

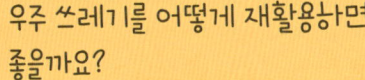
우주 쓰레기를 어떻게 재활용하면 좋을까요?

재활용하자!

투석기의 원리를 이용한 **TAMU 우주 청소기***는 우주 쓰레기 하나를 잡을 때 얻은 에너지를 이용해 다음 쓰레기 쪽으로 이동할 수 있어요. 덕분에 연료를 절약할 수 있지요.

청소기 연료는 어떻게 마련하면 좋을까요?

에너지 충전!

* TAMU 우주 청소기: 위성 양쪽에 달린 바구니에 우주 쓰레기를 담은 다음, 원심력을 이용해 지구로 던지는 처리 방법

첫 번째 발명품 발사!

첫 발명품으로 무엇을 만들고 싶은가요? 빛 공해를 줄이는 것도 좋고,
우주 쓰레기를 치우는 데 도움이 되는 것도 좋아요.
어떤 것이든 여러분에게 영감을 주는 대로 따라가세요!

수석 발명가

아이디어는 머릿속에 피어나는 작은 불꽃과도 같아요. 아이디어가 번쩍하고 떠오르는 그 순간을 놓치지 말고 발명을 시작하세요!

밤하늘에서 받은 영감

이름

작동 원리

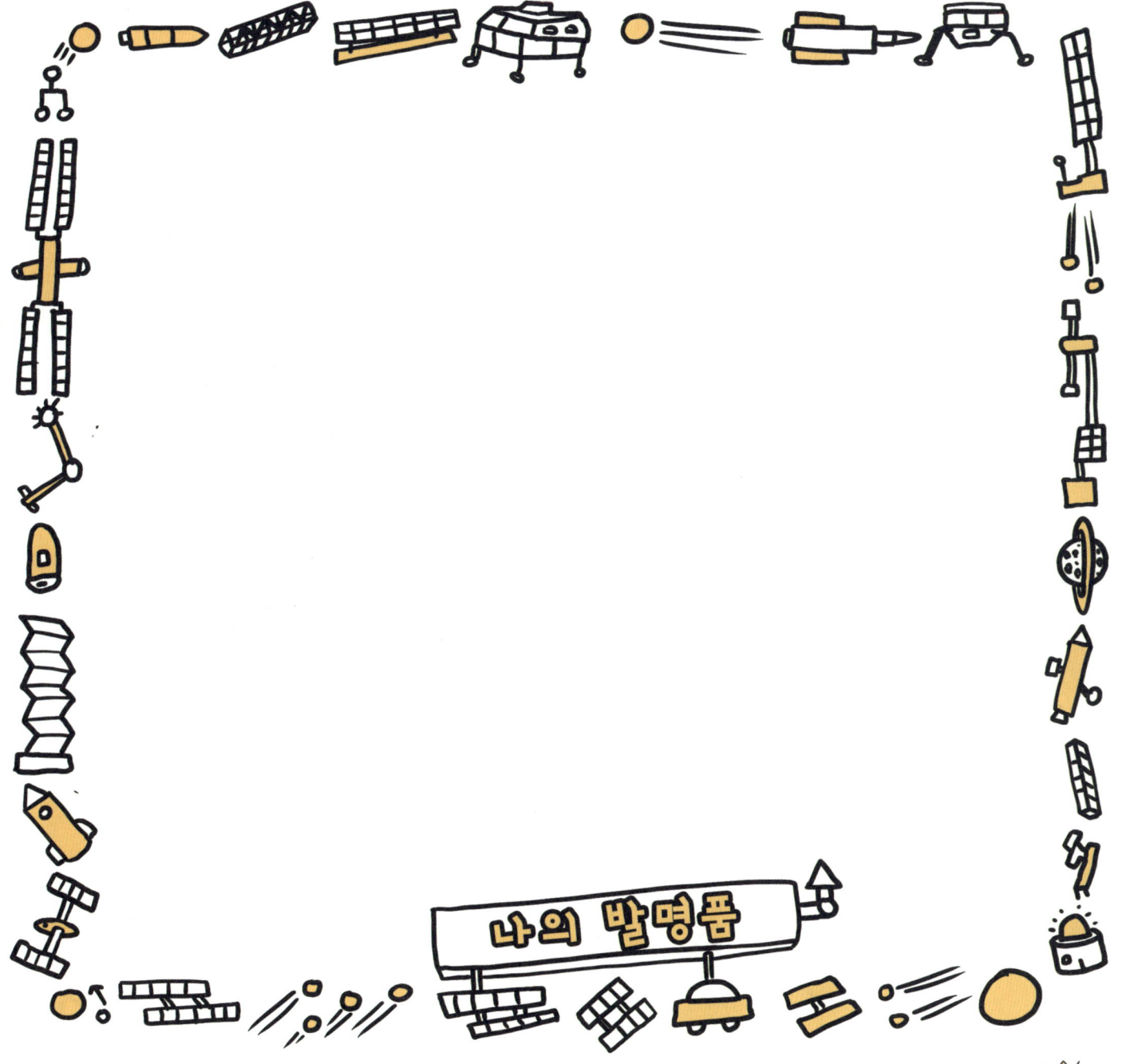

크게 그려 봐요. 색칠도 하고 설명도 해 주세요! littleinventors.org에 여러분의 아이디어를 공유해 주세요!

여러분의 활약을 지켜볼게요!

이제 우주를 정복하러 떠날까요?

우주의 알려진 곳, 아직 알려지지 않은 곳
모두에 관심을 가지세요!

앞으로도 우리 은하계와 그 너머에 있는 행성,
별, 그리고 인공위성이나 우주정거장처럼
인류가 만든 것들에 대해 배우는 것도 좋아요.

인류가 지구와 주변 환경에 미치는 영향에 대해서도
생각해 보면 좋겠지요.

지구 밖 우주도 우리가 살아가는 터전으로 생각하고
소중하게 여겨야 해요!

어린이 발명가의 아이디어가…

우주 수리 드론

잭, 12세
캐나다, 킹스턴

"제 발명품은 우주 수리 드론이에요. 국제우주정거장 밖에서 고장 난 곳을 고쳐요. 이걸 사용하면 우주비행사들이 우주로 나갈 필요가 없어요!"

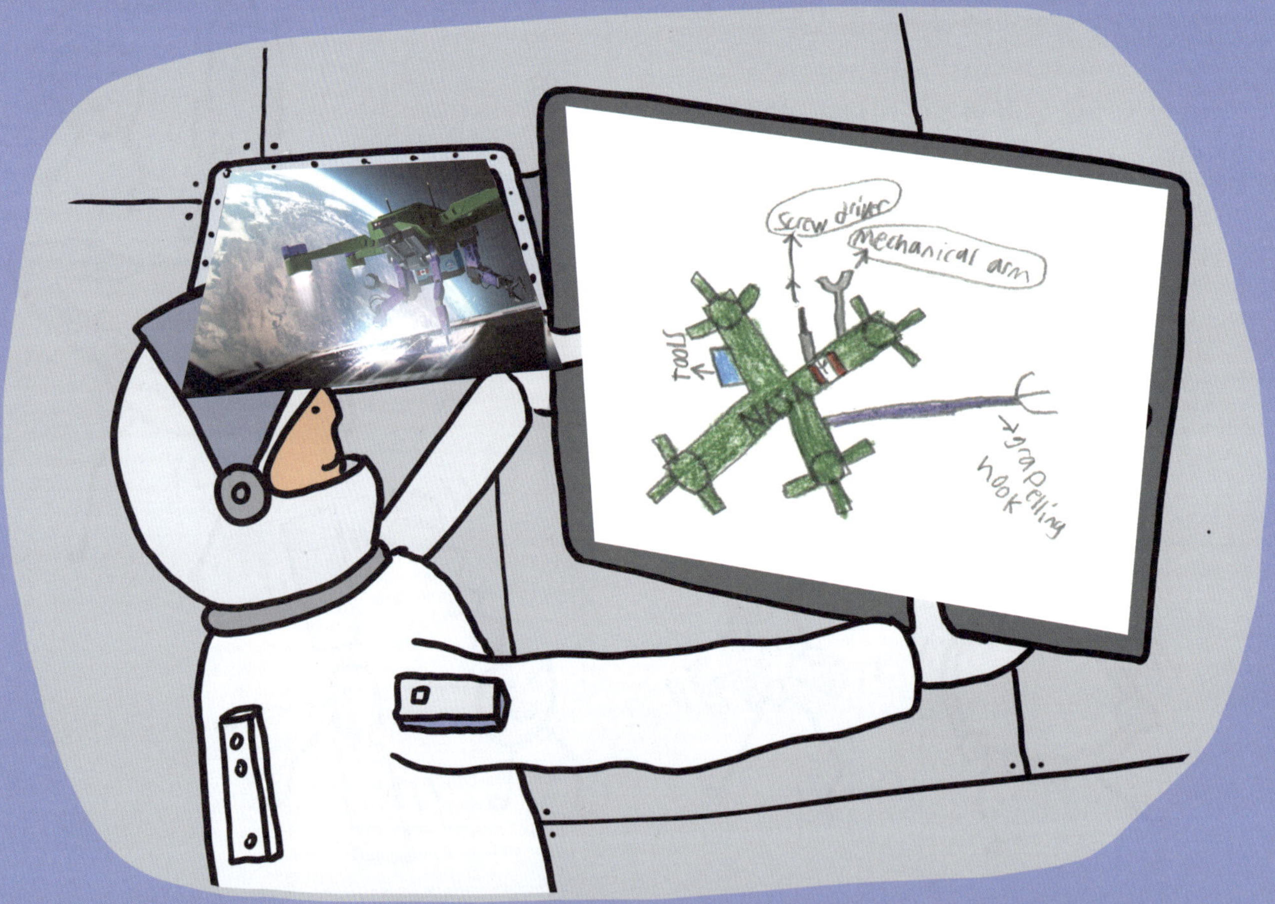

…이렇게 진짜로 만들어졌어요!

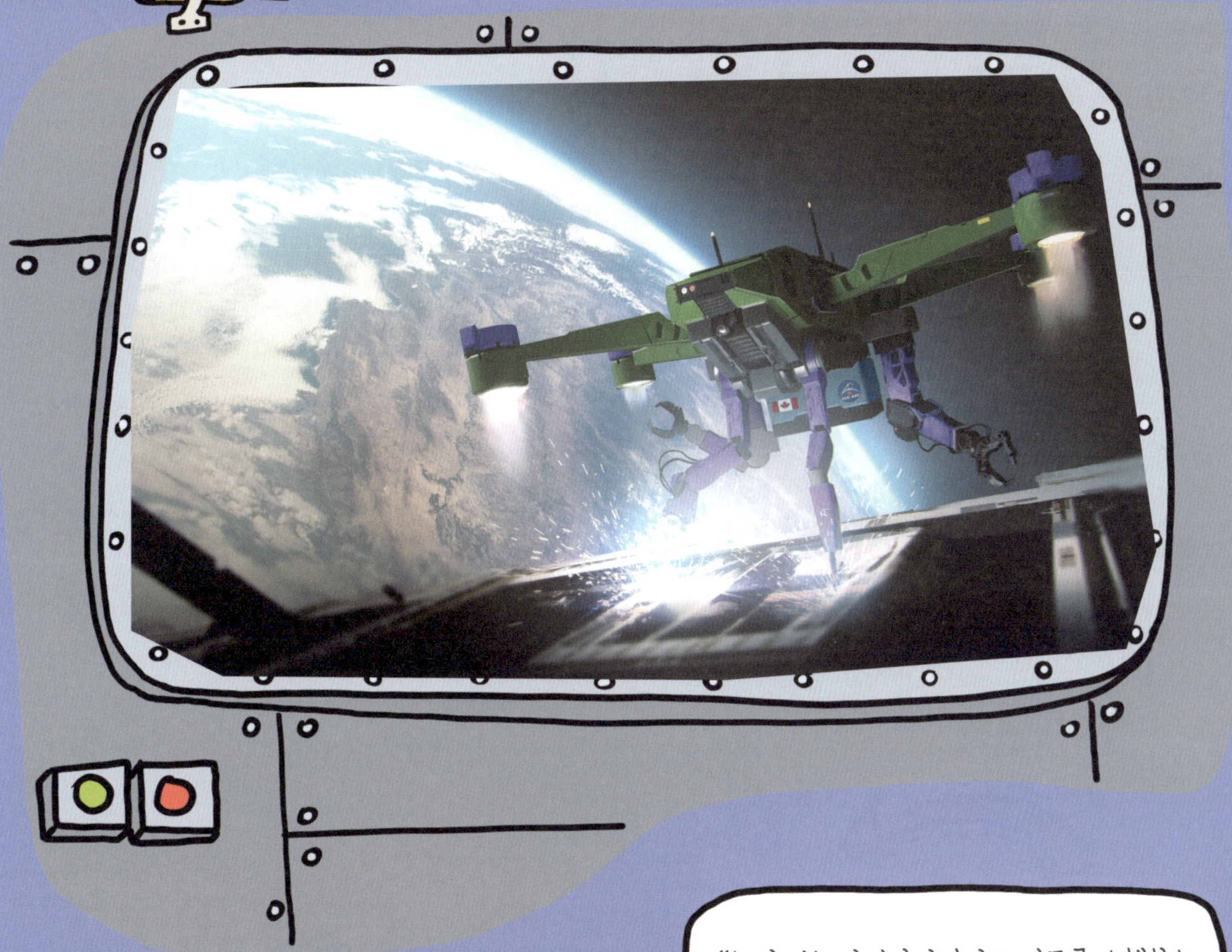

잭의 발명품을 디지털 아트 스튜디오 아톰호크의 디자이너 **크리스티안 바스케즈**가 디지털 이미지로 탄생시켰어요.

"눈에 띄는 아이디어였어요. 임무를 수행하는 드론의 모습이 그려지더군요. 최근 드론을 많이 사용하는 만큼, 디지털 아트로 만든 대안 현실에 꼭 등장시키고 싶었어요."

재미있는 우주 직업: 운석 사냥꾼

별똥별을 찾아서!

빠르게 움직이는 작은 암석이 대기권에 들어오면 온도가 올라가며 빛을 내는데, 이를 유성이나 **별똥별**이라 해요.

유성체(meteroids)는 우주에 떠다니는 작은 암석이에요. 가끔은 지구의 대기권에 들어오는 유성체도 있어요. 대부분은 땅에 닿기 전에 타버리지요.

타지 않고 땅에 떨어진 돌은 **운석(meteorites)** 이라고 불러요. 운석은 실제 행성이나 별의 일부로 우주에 대해 많은 정보를 알려주기 때문에 굉장히 가치가 높아요.

실제로 운석을 찾아다니는 사람들도 있어요. 작고 검은 돌이 눈에 잘 띄는 사막이나 남극에서 주로 활동한답니다.

4장

망원경, 인공위성, 타임머신…

별을 향해 나아가는 중!

미래가 펼쳐지는 곳…

우리 인류는 아주 오랜 세월 동안
미지의 세계, 우주를 끊임없이 동경했어요.

땅이나 바다로 여행하던 여행자들은
수 천 년 동안 별의 위치를 보고 방향을 짐작했어요.
그리스와 로마의 점성술사들은 별자리를 보고
사람들의 성격을 알아맞히거나 미래를 예측했어요.
행성에 그리스·로마 신들의 이름을 붙이기도 했지요.

우리는 **중요한 문제가 있을 때마다
하늘에서 답을 찾으려** 했고, 하늘에 눈에 보이지 않는
힘이 있다고 여기기도 했어요.

그렇다면 미래의 우주는 어떤 모습일까요?
공상 과학 소설을 보면 우주에서의 삶이
어떤 모습일지 상상할 수 있답니다.

인류는 우주에서 헤아릴 수 없을 만큼 많은 영감을 받았어요!

우주 관측의 역사

천문학은 별, 행성, 우주를 연구하는 학문이에요. 별과 행성에 대한 기록은 **자그마치 3500년 전**부터 등장하는데, 바이킹이 지배하던 지역과 이집트, 중국, 호주, 심지어 폴리네시아에 이르기까지, 전 세계 곳곳에 남아있답니다.

옛날 사람들은 태양, 달, 별들의 움직임과 낮과 밤, 계절의 변화가 서로 연관되어 있음을 알고 있었어요.

천문학은 발명과 함께 발전한 학문이기도 해요. 1600년대 네덜란드 유리 제조 기술자들이 물체를 3배나 크게 볼 수 있는 **돋보기**를 만들면서 발전하기 시작했지요. **갈릴레오**가 이 돋보기의 성능을 개선해 달을 관측했는데, 이것이 최초의 망원경이랍니다.

그 이후 수 세기에 걸쳐 천문학자들은 계속 하늘을 관측했어요. 관측 기구는 점점 더 정교해졌지요.

물론 관측만 한 건 아니에요.

우주와 우주의 원리가 알려지면서 더 많은 발견과 발명이 이루어졌답니다.

1609 - 갈릴레오가 만든 망원경은 물체를 20배까지 확대할 수 있었답니다.

굉장해!

1668 - 아이작 뉴턴은 망원경을 더 발전시켰어요. 반사경을 더해 성능을 유지하면서 크기는 줄였지요.

멋진데!

1990 - 최초의 우주망원경인 **허블우주망원경**을 발사했어요.

1937 - 건물만큼이나 큰 **전파 망원경**이 등장했어요.

천체나 은하계에서 오는 전파를 수신해요.

1686 - 크리스티안 하위헌스는 거대한 야외 망원경을 만들었어요.

높이가 3.7m!

지구 주변을 도는 인공위성

우주에 대해 더 많이 알게 되면서, 인류는 **우주를 통해 삶을 더욱 발전**시키려 했어요.

달

인공위성

달은 지구 주변을 돌고 있는 자연 위성이랍니다.

> 위성이란 다른 물체 주변을 돌고 있는 물체를 말해요.

과학자들은 **궤도에 올리기만 한다면**, 인공위성이 지구 주변을 계속 돌 것이라는 사실을 깨달았어요.

인공위성은 아주 높이 떠 있기 때문에, 지표상의 우리와는 달리 **지구의 많은 부분**을 한 번에 볼 수 있어요. 그뿐만 아니라 우주도 더 잘 볼 수 있지요.

인공위성 덕분에 우리 삶도 편리해졌어요.
스마트폰으로 **GPS 신호**를 이용해 지도를 확인한 적이 있지요?
사실 스마트폰의 신호가 우주에 있는 인공위성을 거쳐 다시 지구에 있는 우리에게로 돌아오는 것이랍니다.

인공위성은 **날씨를 예측**하거나 **기후 변화가 미치는 영향**을 알아보는 데 도움이 돼요. 대기 중에 있는 산소와 이산화 탄소의 양뿐만 아니라 지구에서 흡수되고 방출되는 에너지의 양도 측정할 수 있거든요.

화산 활동을 관찰해 언제 터질지 예측할 수 있죠!

우주 쪽을 향하는 인공위성도 있어요. 위험한 태양 광선을 확인하거나, 소행성과 혜성 관측을 통해 별과 행성의 역사를 연구할 수 있도록 도와주지요.

국제우주정거장은 그야말로 **하늘 위 과학 실험실**이랍니다!

화성에 물이 있다는 증거를 찾기도 하고, 토성 고리를 가까이서 촬영하기도 해요!

약물 개발 실험 중

인체 조직 세포 배양 중

소설 속 상상 VS 미래의 현실

우주의 신비에 한 걸음씩 다가서면 얼마나 굉장한 발명품이 탄생할까요? **수많은 공상 과학 소설과 영화**에서 우주와 더욱 친해진 미래 속 우리 삶이 어떤 모습일지 엿볼 수 있답니다.

우주 탐사를 나갔다가 누군가를 만났다고 상상해 보세요. 어떤 발명품이 있으면 말로 또는 말없이 상대방의 생각을 알 수 있을까요?

아이디어를 적어보세요.

우주어 번역기

우주에서는 어떤 공구가 있으면 편리할까요? 그 공구는 어떻게 작동할까요?

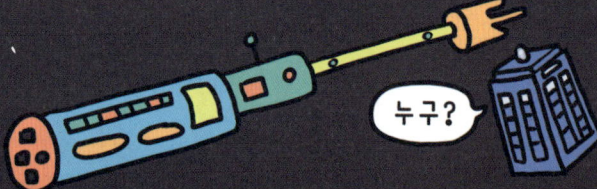

무엇이든 고치는 드라이버!

여기는 아무것도 없네!

가끔은 안전하게 돌아다니고 싶을 때가 있지요?
다른 사람에게 들키지 않고 다닐 방법이 있을까요?

도움이 필요할 땐 어떻게 하죠?

당황하지 말아요!

시간여행을 할 수 있다면 언제로 가고 싶나요?

타임머신을 타자!

우주 최고 발명품을 만들어요!

여러분은 무엇을 발명하고 싶은가요? 새로운 천체 관측 기구는 어떨까요? 까다로운 문제를 해결할 수 있는 인공위성은요? 불가능을 가능하게 하는 새로운 발명품도 좋겠지요?

발명을 하고 싶을 땐 주변을 관찰하고 마음껏 상상의 나래를 펼치는 거예요!

우주의 미래에서 받은 영감

이름

작동 원리

크게 그려 봐요. 색칠도 하고 설명도 해 주세요!   littleinventors.org에 여러분의 아이디어를 공유해 주세요!

우주 탐사대 임무 완료!

관찰하고, 상상하고, 꿈꾸세요!
멋진 일이
일어날 거예요!

우주에 관심이 생겼다면, 마음이 이끄는 대로
따라가세요!

중력, 궤도, 우주 기술, 여러 행성의 특징처럼
온갖 지식이 궁금한 사람도 있고, **우주에서 사는 모습을
상상**하고 떠올리는 일이 더 흥미로운 사람도 있을 거예요.
자신만의 우주를 상상하는 사람도 있겠지요.

우주 탐험엔 어떤 방법이든 좋아요.
여러분의 호기심이 놀라운 발견으로
이어진답니다.

어린이 발명가의 아이디어가…

소리 수집기

> 화성에서 옷핀이 떨어지는 소리가 들릴까요?
> 정말 궁금하지 않나요?

에븐, 6세
캐나다, 캘거리

"그림을 보면 '소리 수집기'라고 적힌 부분이 있어요. 여기서 소리를 수집하고 로봇 다리가 단단하게 잡아주지요. 우주비행사는 이것만 들고 가면 된답니다."

…이렇게 진짜로 만들어졌어요!

에븐의 아이디어는 리틀 인벤터스의 수석 제작자인 **개러스 로이드**의 마음을 사로잡았어요. 두 사람은 영상 통화를 하면서 수집기의 모양과 크기를 의논했고, 강아지 정도의 크기로 만들기로 했지요!

"장난감 소방차 부품과 '메카노'라는 강철 조립 완구 세트를 이용해서 몸체를 만들었어요. 단순히 움직이는 것처럼 보이는 것이 아닌, 실제로 작동하는 모형을 만들고 싶었지요!

특히 이 수집기가 움직임을 감지하고 그쪽에서 들리는 소리를 녹음할 수 있다면 좋겠다고 생각했어요. 외계인을 찾을 때 유용할 테니까요.

그런데 발소리를 들은 기계가 저를 쳐다보니 기분이 좀 이상하더군요."

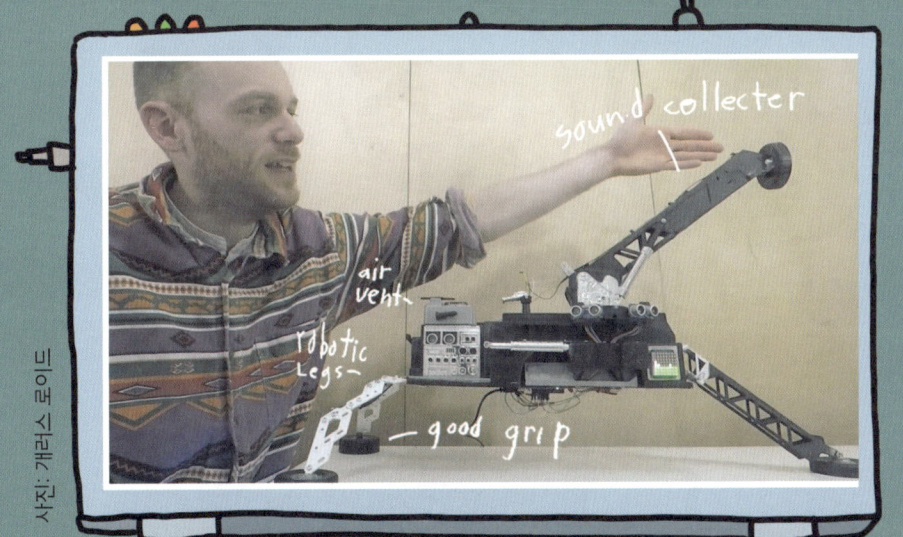

사진: 개러스 로이드

재미있는 우주 직업: 공상 과학 소설가

미래를 상상하는 사람들!

세상에는 불가능한 것을 만들어 먹고사는 사람들도 있답니다!

공상 과학 소설가들은 주로 상상 속 과학 기술이 바꾸어 놓은 미래의 인간 (아니면 또 다른 존재?)이 사는 사회를 그려요. 우주나 다른 행성의 생명체가 등장할 때도 많지요.

항상 그런 것은 아니지만, 신기하게도 오래전에 쓰인 공상 과학 소설을 읽다 보면 지금 우리의 모습을 예측한 것처럼 느껴질 때가 있어요.

우주 속에서 펼쳐지는 우리의 미래, 여러분에게는 어떤 모습인가요?

5장

박테리아, 블롭*, 다른 우주 생명체까지…

외계 생명체를 찾아라!

안녕하세요?

* 블롭: 거대한 수소 가스 구름으로 아직 정확하게 밝혀진 사실이 없음.

'CHNOPS'라는 작고 신기한 물질들!

생명은 어떻게 시작될까요? 인류는 수 세기 동안 질문에 대한 답을 찾으려고
했고, 서로 다른 의견을 내놓았어요. 그런데 우리가 어떻게 생각하든,
살아있는 모든 생명체를 아우르는 아주 단순명료한 공통점이 있답니다.

구성 성분이 대부분 같아요!

지구는 어쩌다 보니 이 모든 성분을 적절히 갖추고 있어요.
그뿐만 아니라 태양으로부터의 거리, 지구의 구성 성분, 대기층의 존재 등
지구상에 존재하고 있는 생명체에게 꼭 필요한 요소들을 잘 갖추고 있지요.

이렇게 생명이 살기에 적합한 조건이 다른 행성이나 은하계에
어떤 형태로든 존재한다면 어떨까요?

인류는 **우주에 어떤 생명체가 살고 있는지** 항상 궁금해했어요.
인간과 비슷하게 생겼을까요, 아니면 완전히 다르게 생겼을까요?
살아있는 생명체임을 알아볼 수는 있을까요?

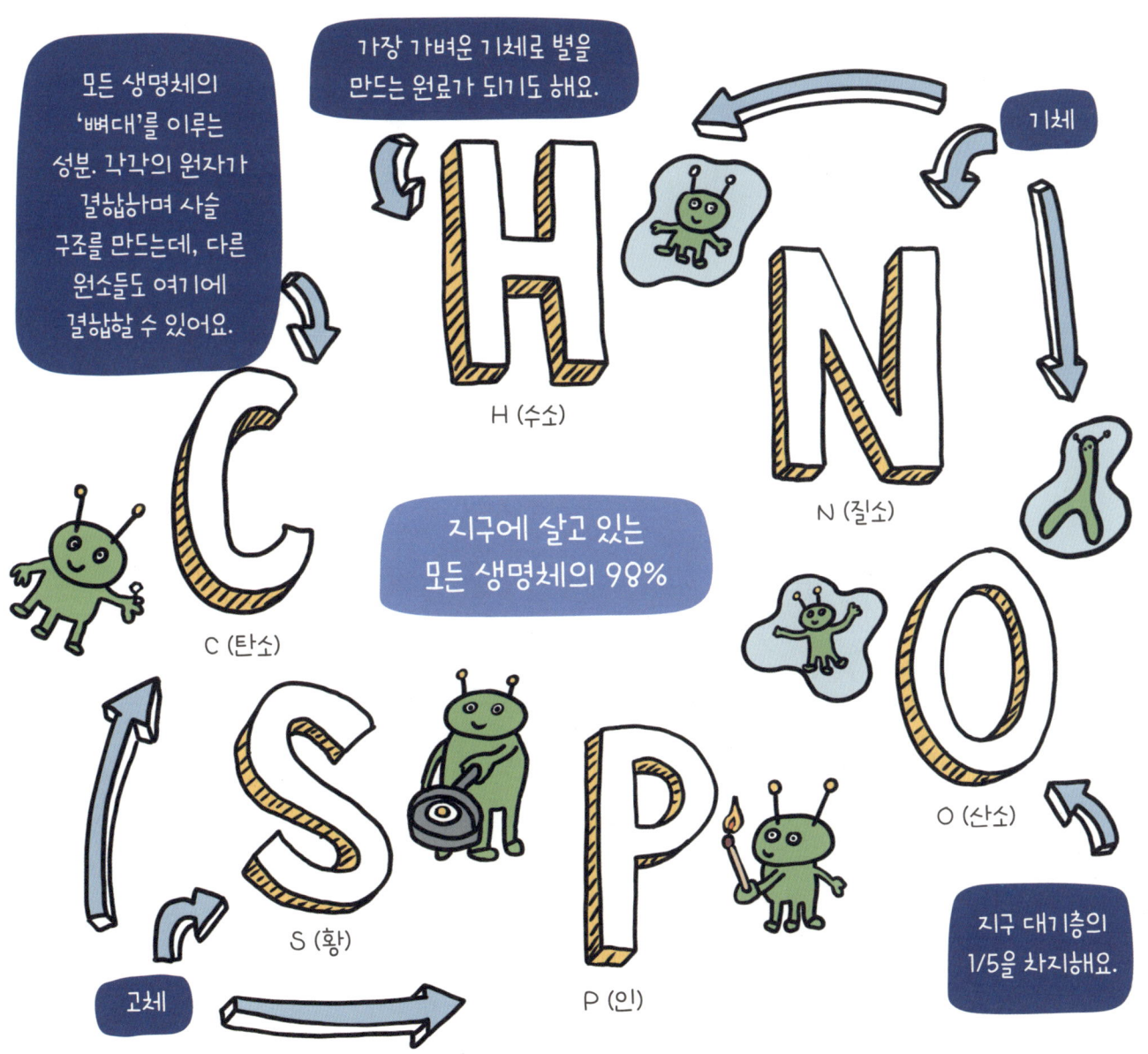

우주에서 바늘 찾기

다른 행성에도 생명이 움트려면 아주 많은 CHNOPS가 필요할 거예요.
그런데, 그게 정확히 무엇을 말하는 걸까요?

우선 행성 주변에 빛을 내는, 마치 태양과 같은 **항성**이 있어야 해요. 너무 크지도 작지도 않은 항성이 딱 적당한 거리에서 생명체의 근원인 **물**이 액체 상태로 존재할 수 있도록 충분한 **에너지**를 공급해 줘야 해요. 너무 멀리 떨어져 있으면 물은 얼음이 될 테고, 너무 가까이 있으면 금방 증발해 버릴 거예요.

이렇게 생명체가 살기에 적당한 조건을 갖춘 곳을 생명 가능 지대, 또는 '골디락스 지대(Goldilock's zone)'라고 불러요.

또한 생명체가 흡수할 수 있는 **영양분**이 필요해요. 이를테면 무기질 같은 형태로 말이지요. 생명체가 숨을 쉬고 위험한 우주 방사선으로부터 행성을 보호해 줄 수 있는 **대기층**도 있어야 하지요.

우주 과학자들은 아주 오랫동안 지구 밖 생명체를 찾으려고 많은 노력을 했어요.

아직까지 생명체가 있다는 증거를 찾지는 못했지만, 생명체가 살기에 적합한 조건을 갖췄을 가능성이 있는 '태양계 외 행성'이 우리 은하계 안에만 **400억 개** 정도 된다고 해요.

그런 행성들을 실제로 찾는 게 우리의 도전 과제가 되겠지요!

엔지니어와 디자이너들은 주변 **거대 항성의 별빛에 가려진** 작은 행성들을 찾아낼 방법을 연구하고 있어요.

케플러 망원경은 9년에 걸쳐 우주에서 태양계 외 행성을 찾았어요.

스타셰이드(starshade)를 이용하는 것도 한 가지 방법이에요.

스타셰이드는 꽃잎 모양의 거대한 별빛 가리개로, 밝은 항성의 **빛을 가려서** 생명체가 존재할 가능성이 있는 별들도 볼 수 있게 도와줘요.

환경에 따라 달라지는 생명체의 모습

지구상의 생명체는 정말 믿을 수 없을 만큼 다양해요. 아주 작은 미생물부터 거대한 나무까지, 또 그 사이에도 셀 수 없을 만큼 많은 동식물이 있어요!

하지만 행성마다 환경을 이루는 구성 요소가 모두 다를 테니 **생명체들의 모습도 지구와 상당히 다를 수 있어요.**

지구상의 생명체는 대부분 **탄소**로 이루어져 있지만, **실리콘**도 생명체를 이룰 수 있는 아주 비슷한 원소예요.

현미경으로만 보이는 박테리아는 극한의 환경에서도 살 수 있어요. 얼음 속이나 산성 물질 속에서도요!

이런 생명체는 걷기보다는 미끄러지듯 이동할 수 있겠지요!

산소 대신 메탄가스(방귀 뀔 때 나오는 가스!)로 가득한 행성에는 어떤 생명체가 살고 있을까요?

안녕하세요! 누구시죠?

진짜 외계인을 만난다면 무엇을 물어보고 싶은가요?

- 이름이 뭐야?
- 넌 몇 살이야?
- 한국말도 할 수 있어?
- 어떻게 움직이니?
- 가족은 있어?
- 혹시 반려동물도 키워?

여러분이 만난 외계인을 그려 보세요.

어느 행성에서 왔니?

그 별은 커? 아니면 작아?
혹시 춥거나 덥지는 않아?

바다도 있니?

외계인이 온 행성을 그려 보세요.

어떤 집에 살아?

하루 종일 뭐하면서 지내?

놀 때는 뭐하고 놀아?

외계인의 집을 그려 보세요.

자, 이번에는 여러분이 외계인이 되었어요. 질문에 어떻게 대답할지 생각해 보세요.

만남을 즐겨요!

외계 생명체가 어떤 모습이든, 실제로 만날 수 있다면 정말 굉장할 거예요.
외계 생명체와의 만남을 더 편하고, 안전하고, 더욱 멋지게 만드는 발명품을
생각해 볼까요?

우리는 서로 다르기 때문에 더욱 매력적이지요!

외계인에게서 받은 영감

이름

작동 원리

나의 발명품

크게 그려 봐요. 색칠도 하고 설명도 해 주세요!　　littleinventors.org에 여러분의 아이디어를 공유해 주세요!

우리도 살고 또 다른 생명체도 사는 신비한 우주!

우주에 사는 이웃을
만나게 된다면
얼마나 좋을까요!

 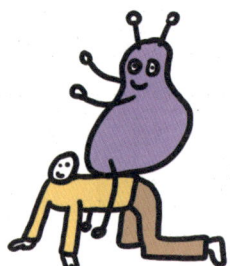  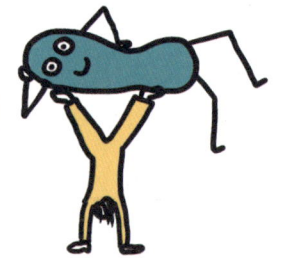

생명을 품을 수 있는 대기층과 바다, 풍부한 자원을 갖춘 우리 지구는
우주에서 매우 특별한 곳이에요.

하지만 광활한 우주에 이런 별이 과연 지구밖에 없을까요?
이건 외계인을 **만날 수 있을지, 없을지**의 문제라기보다는
언제 만날 것인지의 문제에요. 어쩌면 우리가 살아있는 동안
만날지도 모르지요!

그리고 외계 생명체를 만나게 되면 어떤 사실이 밝혀질지,
또 우리가 사는 모습이 어떻게 달라질지 누가 알겠어요?

결국 우리 인간도 다른 외계 생명체에게는 '외계인'이에요.
그러니 외계 생명체를 만날 때는 좋은 인상을 줄 수 있도록
예의를 지켜야겠지요?

어린이 발명가의 아이디어가…

동물 우주복

엘라, 11세
캐나다, 네핀

"제 발명품은 반려동물, 특히 고양이를 위한 우주복이에요!"

우리는 매일 우리와 아주 다르게 생긴 친구들과 살아가고 있어요. 바로 반려동물이지요! 지구에는 약 8천 8백만 마리의 고양이가 살고 있다고 하는데, 우주에는 아직 한 마리도 없어요. 우주에 갈 때 고양이도 함께 가면 어떨까요? 외계 생명체는 사람보다 고양이하고 더 비슷할지도 모르잖아요?

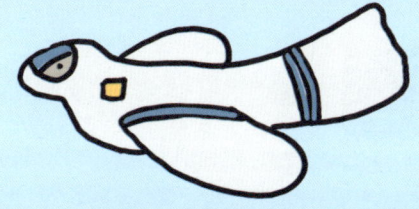

…이렇게 진짜로 만들어졌어요!

엘라가 디자인한 고양이 우주복은 오타와의 디자인 연구소 래디컬 놈스의 제작자, **코비와 다니엘**이 실제로 만들었어요.

"먼저 골판지로 1:1 실물 크기의 고양이 모형을 만들어서 우주복 제작 준비에 들어갔어요. 부분적으로 견본을 만들어서 3D 프린터로 출력했지요. 나머지 부분은 몸에 편하게 맞고 통풍이 잘되는 기능성 원단을 사용했어요.

주키가 우주복을 살폈는데, 꼬리 부분은 별로 마음에 들어 하지 않더군요…."

사진: 래디컬 놈스

고양이 주키도 도왔어요!

재미있는 우주 직업: 행성 보호관

우주 지킴이!

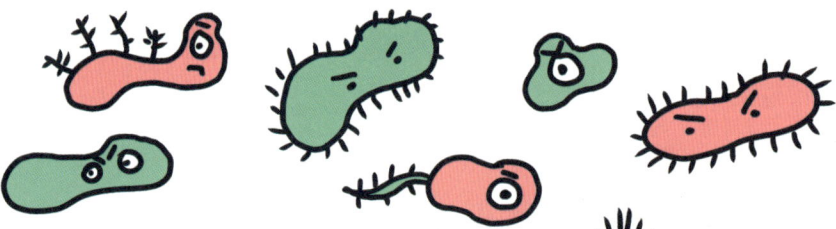

외계 생명체의 지구 침공에 맞서 싸우는 일은 영화 속에서나 일어날 거로 생각하겠지만, 사실 꼭 그렇지만은 않아요.

행성 보호관의 임무 중에는 만약 존재한다면, 외계 생명체로부터 지구를 지키는 일이 포함되어 있어요. 사실 대부분의 일은 **우주선을 안전하고 매우 깨끗하게 유지**하는 거예요. 그래야 우주 탐사를 할 때 지구의 세균을 다른 행성에 옮기거나 반대로 우주의 세균을 지구로 가져오는 위험을 막을 수 있기 때문이랍니다!

6장

로켓, 스페이스워크, 광년(light years)…

우주 탐사 여행

위로, 더 위로, 날아올라!

우주여행에 대한 이야기를 들어 보긴 했지만,
아직은 낯설어요. 기차나 자동차 여행,
동네 산책처럼 친근한 느낌은 아니지요.

사실 꽤 흔치 않은 경험이랍니다.
지금까지 달 착륙에 성공한 사람은 12명뿐이에요.
1972년 이후에는 간 사람도 없고요!

인류가 최초의 로켓을 성층권에 쏘아 올린 건
60년쯤 전 일이었어요. 이후 사람들이 도달한 곳은
머리 위 겨우 몇백 킬로미터 정도 높이로,
대기권 바로 바깥 부분이었지요.

인류보다 훨씬 더 멀리 날아간 우주선들도
있긴 하지만, 인간이 **머나먼 우주**에 다다르려면
아직도 한참, 그것도 아주 한참 멀었답니다.
말 그대로 몇 광년이 걸릴 수도 있어요.

우주는 그야말로 **광대한 곳**이에요. 우리의 상식이 전혀 통하지 않지요.

거대한 우주를 향한 인류의 한 걸음

지구에서 국제우주정거장까지의 거리가 영국 선덜랜드에서 런던까지, 서울에서 부산까지의 거리와 비슷하다면 믿을 수 있나요?

우리가 이동하기에는 상당한 거리지만, 우주에서 보면 정말 **순간**에 지나지 않는 거리예요.

우주가 너무 넓어서 과학자들은 완전히 새로운 단위인 **천문단위(astronomical unit, au)**를 만들어야 했어요. 지구와 태양 사이의 거리를 기준으로 삼은 단위랍니다.

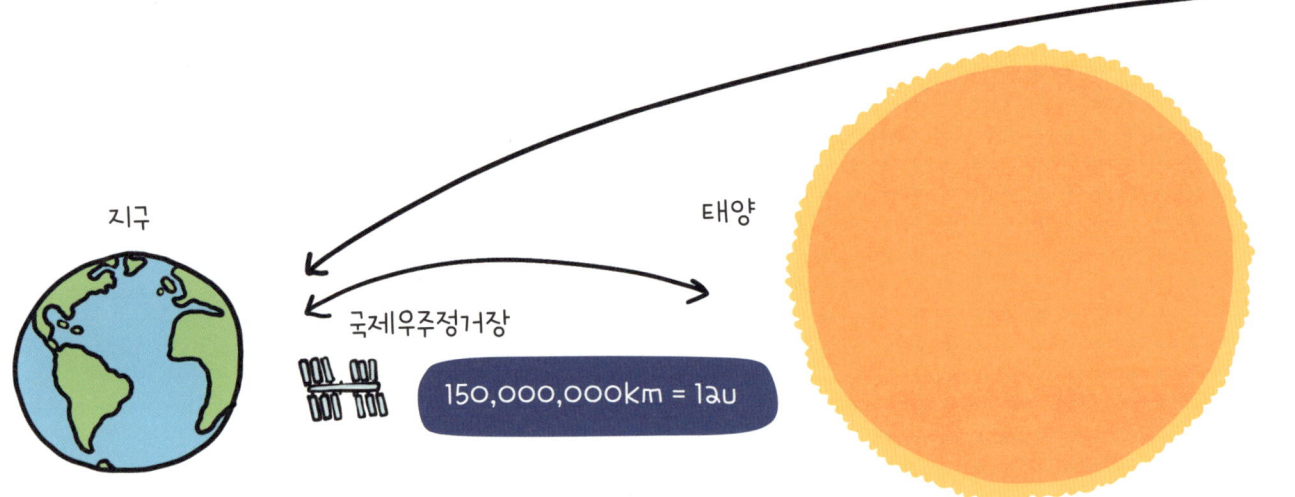

하지만 우주를 측정하기는 아직 부족해요.

그래서 우주비행사들은 우리가 아는 가장 빠른 물체인 빛을 이용해요.
빛은 우주에서 무려 **초속 약 300,000킬로미터**로 이동할 수 있어요!

이때 얼마나 걸릴지 알 수 없을 정도의 거리는
초 단위가 아니라 연(year) 단위인 **'광년(light year)'**을 사용해 측정해요.

1년은 **31,536,000초**입니다.

그렇다면 빛이 1년 동안 날아간 거리인 1광년은…

9,461,000,000,000킬로미터!

얼마나 엄청나게 먼 거리인지
잠깐 생각해 보기로 해요.

대략 38,000,000,000,000 킬로미터 (38조 킬로미터) 또는 265,000au

우리 은하계에서 태양 다음으로 가까운 항성인 센타우루스자리 프록시마 별에 다다르기까지는 4.2광년이 걸려요!

센타우루스자리 프록시마

우주여행이 힘든 또 다른 이유

우주여행에서 걸림돌이 되는 건 거리만이 아니에요.
그 밖에도 우리 몸에 영향을 미치는 요소들이 많이 있어요.

지구를 감싸고 있는 **대기**는 마치 담요처럼 포근해요.
대기권을 벗어난 우주는 사람이 살기에 적합하지 않지요.

우주 방사선도 정말 위험해요. 노출되면
심각한 병에 걸릴 수 있거든요.

어떤 방식으로 우주를 여행하든
보호 장비가 아주 많이 필요할 거예요.
이를테면, 우주 방사선을 차단하는
우주복이나 우주선이 필요하겠지요.

문제는 우주여행 내내 완전히
'격리'된 상태를 유지해야 한다는 거예요.
우주에서 안전하게 지내기 위해서지요.

우주선이 세상의 전부가 되는 데다,
안전을 유지하고 해로운 미생물이 퍼지지 않도록
우주선 내부를 항상 감시해야 해요.

무중력 상태도
가볍게 넘길 일이 아니에요.

우리 몸은 **중력이 거의 없는 상태**에 익숙하지 않아요.
그래서 우주에 오래 있다 보면 근육과 뼈가 약해질 수
있어요. 몸속의 체액이 머리로 흘러 들어가
눈알 모양까지 바뀔 수 있어요!

여행 기간이 길어질수록 더 깊게 고민해야 할
문제들도 있죠.

예를 들면, **재활용**은 지구에서만 중요한 게 아니에요.
폐쇄된 공간 속에서 오랫동안 우주여행을 하려면
재활용은 엄청나게 중요한 문제예요.

계획하고, 계획하고, 또 계획하기

화성까지 가려면 약 3년이 걸릴 수도 있어요. 3년 동안
일어날 수 있는 모든 상황을 고려해야 한다고 생각해 보세요.
곧바로 지구로 되돌아갈 수도 없다는 것도 잊지 말고요.

우주복 있음, 출발 가능!

우주로 엄청난 모험을 떠날 준비를 한다고 상상해 보세요!

여기에 여러분이 타고 갈 우주선과 같이 갈 친구들을 그리세요.

우주선은 어떻게 생겼나요?   우주선에 방이 몇 개나 있나요?   누구와 함께 갈 건가요?

좋아하는 물건 중에 우주 탐험에
꼭 가져가고 싶은 것은요?

우주여행 중에 지구의 무엇이 가장 그리울까요?

3, 2, 1, 발사!!

여기는 지상관제소, 어린이 우주비행사에게 전합니다!
탐험을 떠날 준비가 되었나요? 상상력이 자라나는 헬멧을 쓰고
발명에 집중할 시간입니다!

우주여행에서 받은 영감

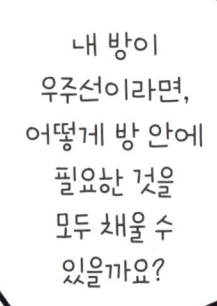

내 방이 우주선이라면, 어떻게 방 안에 필요한 것을 모두 채울 수 있을까요?

 이름

 작동 원리

나의 발명품

크게 그려 봐요. 색칠도 하고 설명도 해 주세요! littleinventors.org에 여러분의 아이디어를 공유해 주세요!

우주로 날아올랐군요!

이제 더 높은 곳으로
향할 준비가 되었어요!

우주 탐사는 우리가 사는 세상을 더 잘 이해할 수 있도록
이끄는 놀라운 방법이에요. 덕분에 **기술이 크게 발전**했고,
지금의 우리가 그 혜택을 누리고 있지요.

탐색해야 할 질문과 가능성이 아직 많이 남아있는 만큼
우주 탐사는 우리의 궁금증을 조금이나마 해결해 줄 거예요.

물론 주말여행으로 달에 다녀오는 일은
아주 먼 훗날의 일일 거예요. 아직 우주여행은
극소수의 사람들만 누릴 수 있는 일이기도 하고요.

그렇다고 해서 우리가 살아있는 동안에
우주여행이 실현되지 말라는 법은 없지요!

어때요? 기회가 온다면 화성 탐사선에 올라타 볼래요?

어린이 발명가의 아이디어가…
뽀글이 파자마 우주복

레이철, 11세 캐나다, 캘거리

"안쪽에 뽀글이를 덧댄 진짜 우주복이에요. 우주선 안에서는 헬멧을 벗을 수 있고요. 아주 가벼운 장갑에 가짜 발톱이 있어요. 우주 파자마를 입고 우주선에서 나갈 수도 있지요."

포근하고 편한 내 잠옷을 입고 달에서 산책한다고 상상해 보세요!

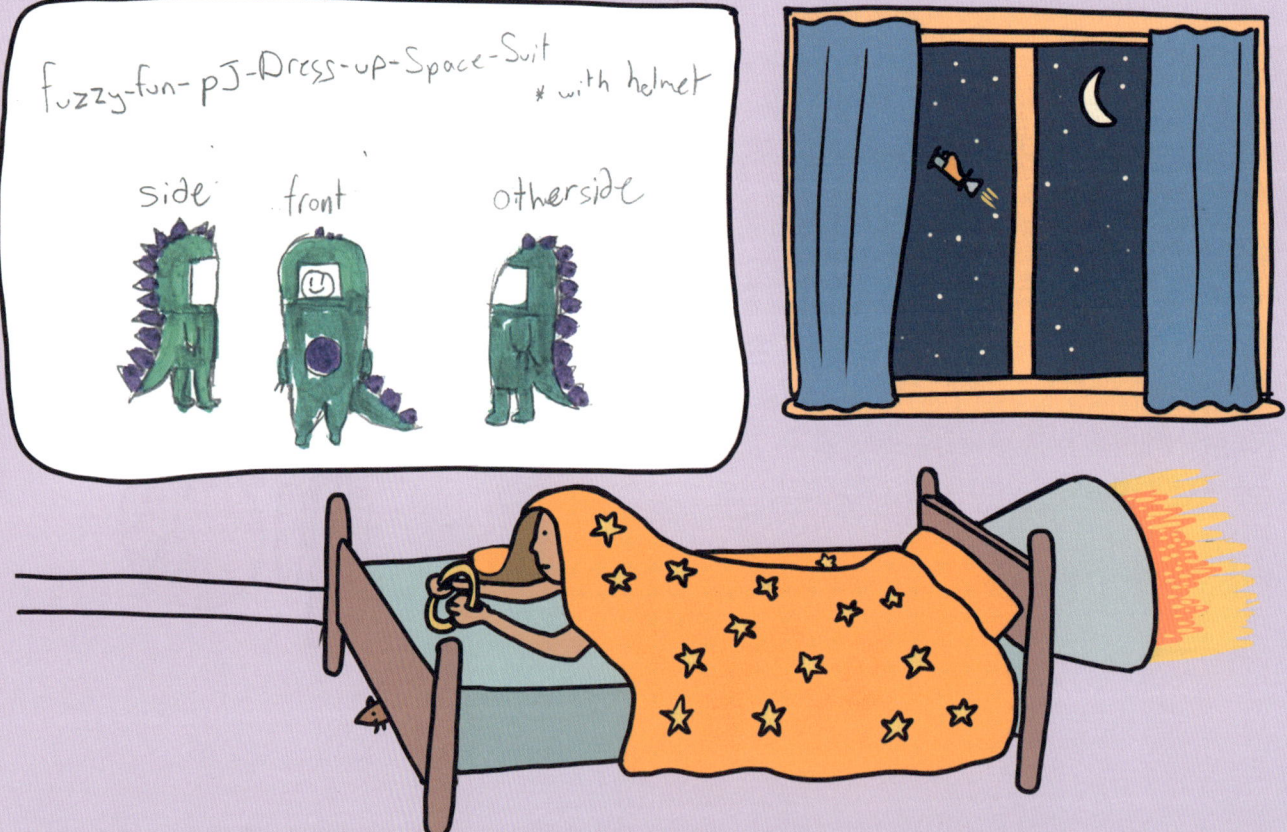

…이렇게 진짜로 만들어졌어요!

캐나다 온타리오에 사는 유리공예가 **로빈 리터**가 레이철의 우주복을 유리로 만들었어요. 안쪽에는 편안한 뽀글이 원단을 안감으로 사용했지요. 여기에 그치지 않고 캐나다 우주비행사 **데이비드 세인트-자크**를 본뜬 뜨개 인형을 만들어서 우주복을 입혀 주었답니다!

닮았지요?

재미있는 우주 직업: 우주복 디자이너

생존을 위한 디자인!

한 마디로, 우주복이 없으면 인간은 **우주에서 살아남을 수 없어요.**

우주복에 사용되는 온갖 기술 때문에 무게가 어마어마해요.
그래서 우주비행사들은 중력이 거의 없는 곳에서조차 자유롭게 움직이기 어려워요.

모든 우주복은 입을 사람과 그 사람의 임무에 맞게 제작돼요. 각 부분은 **3D 프린터로 만들거나 손으로 직접 꿰매지요.**
우주복 디자이너는 우주복 도안을 진짜 옷으로 만들기 위해 다양한 재능을 가진 사람들과 팀을 이뤄 협력해요. 그 결과 이렇게 독특한 일체형 생존 시스템이 만들어진답니다.

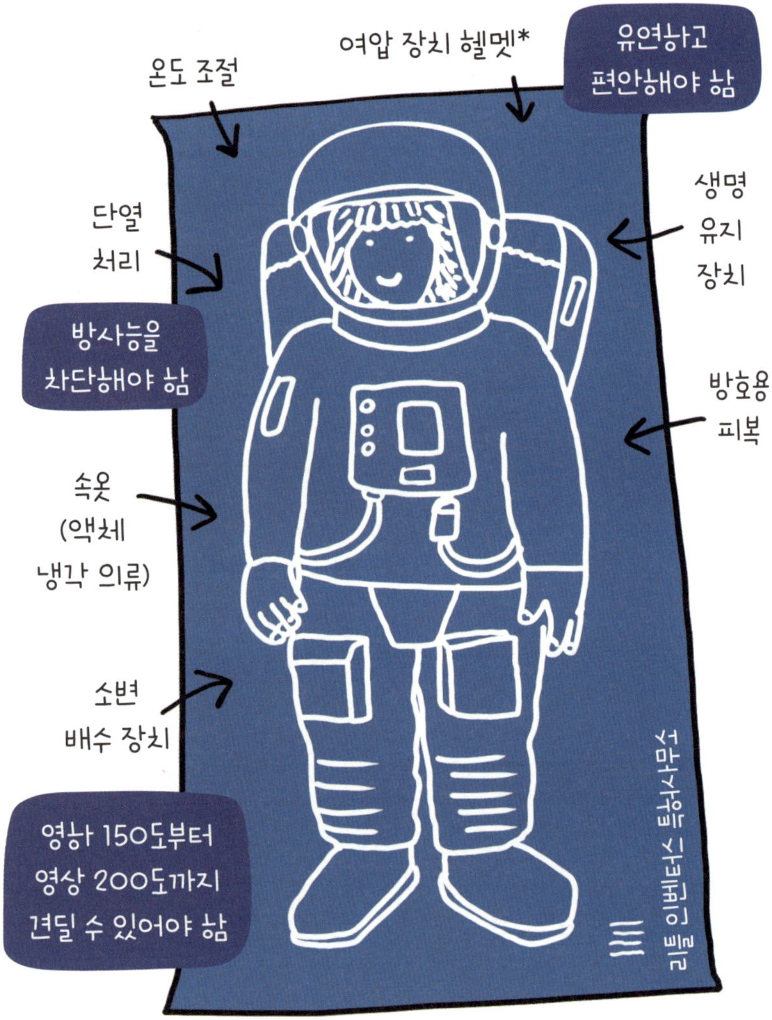

- 온도 조절
- 여압 장치 헬멧*
- 유연하고 편안해야 함
- 단열 처리
- 생명 유지 장치
- 방사능을 차단해야 함
- 방호용 피복
- 속옷 (액체 냉각 의류)
- 소변 배수 장치
- 영하 150도부터 영상 200도까지 견딜 수 있어야 함

* 여압 장치 헬멧: 산소가 부족하지 않도록 바깥 공기를 압축시켜 내부로 넣는 장치가 달린 헬멧

7장

먹고, 자고, 일하고, 놀고…

우주에서 산다는 것

우주에서 바라보면…

우리는 막연히 언젠가 우주를 여행하기를 꿈꿔요.
그런데 누군가는 실제로 우주로 떠나기도 해요!

우주비행사들은 우주를 탐험하면서
우주에 대한 인류의 지식을 넓히고 있어요.

생물학, 기술, 우주 과학, 물리학 등의
첨단 분야에서 **지구상에는 할 수 없는** 실험을
수행하지요.

또 우주에서는 눈부시게 아름다운 지구를 볼 수 있는데
그보다 더 멋진 풍경은 찾아보기 어렵다고들 해요.

해마다 **우주비행사를 꿈꾸며 NASA에
지원하는 사람은 18,000명이 넘어요.**
하지만 정말 우주비행사가 되는 사람은
손에 꼽을 정도예요.
1961년 인류 최초로 우주 비행에 성공한
유리 가가린 이후, 실제로 우주에 간
사람은 600명도 되지 않는답니다.

우주비행사가 되고 싶은가요? 그렇다면 이런 자격이 필요해요.

우선 영어와 러시아어를 할 수 있어야 해요.

과학자들과 함께 연구에 필요한 임무를 수행해야 해요.

매우 건강하고 체력이 좋아야 해요.

몇 달 혹은 그 이상도 집에서 멀리 떠나 살 수 있는 마음의 준비가 되어있어야 해요.

우주비행사가 되기 위해 최소 2년간 훈련을 받고, 진짜 우주로 갈 때까지 2년 이상 걸릴 수 있어요!

물건을 잘 고치고 문제 해결력이 뛰어나야 해요.

HELLO! ПРИВЕТ!

1961년에 26세의 나이로 우주에 간 **게르만 티토프**가 최연소 우주비행사 기록을 세우긴 했지만, 대부분의 우주비행사는 30대나 40대예요. 그러니 여러분이 우주비행사가 될 준비를 할 시간은 충분해요!

무중력이 아닌 극미중력

우주 궤도를 돌면서 사는 건 지구 위에서 사는 것과 많이 달라요. 우선 **극미중력** 상태에서는 사람들과 물체들이 우주에서 둥둥 떠다니는 것처럼 보인답니다.

중력은 눈에는 보이지 않지만 두 물체가 서로를 잡아당기는 힘이에요. 물체가 크면 클수록 끌어당기는 힘도 커지죠.

대부분 우주는 **무중력** 상태라고 생각하지만, 사실은 우주 어디든 약한 중력이 존재해요.

이 중력 때문에 행성이 궤도를 돌 수 있어요. 태양이 행성을 잡아당기는 힘과
행성이 원운동을 하며 생기는 관성력 즉, 원심력이 평형을 이루기 때문이에요.
이때 행성은 매우 빠른 속도로 궤도를 돌고 있답니다.

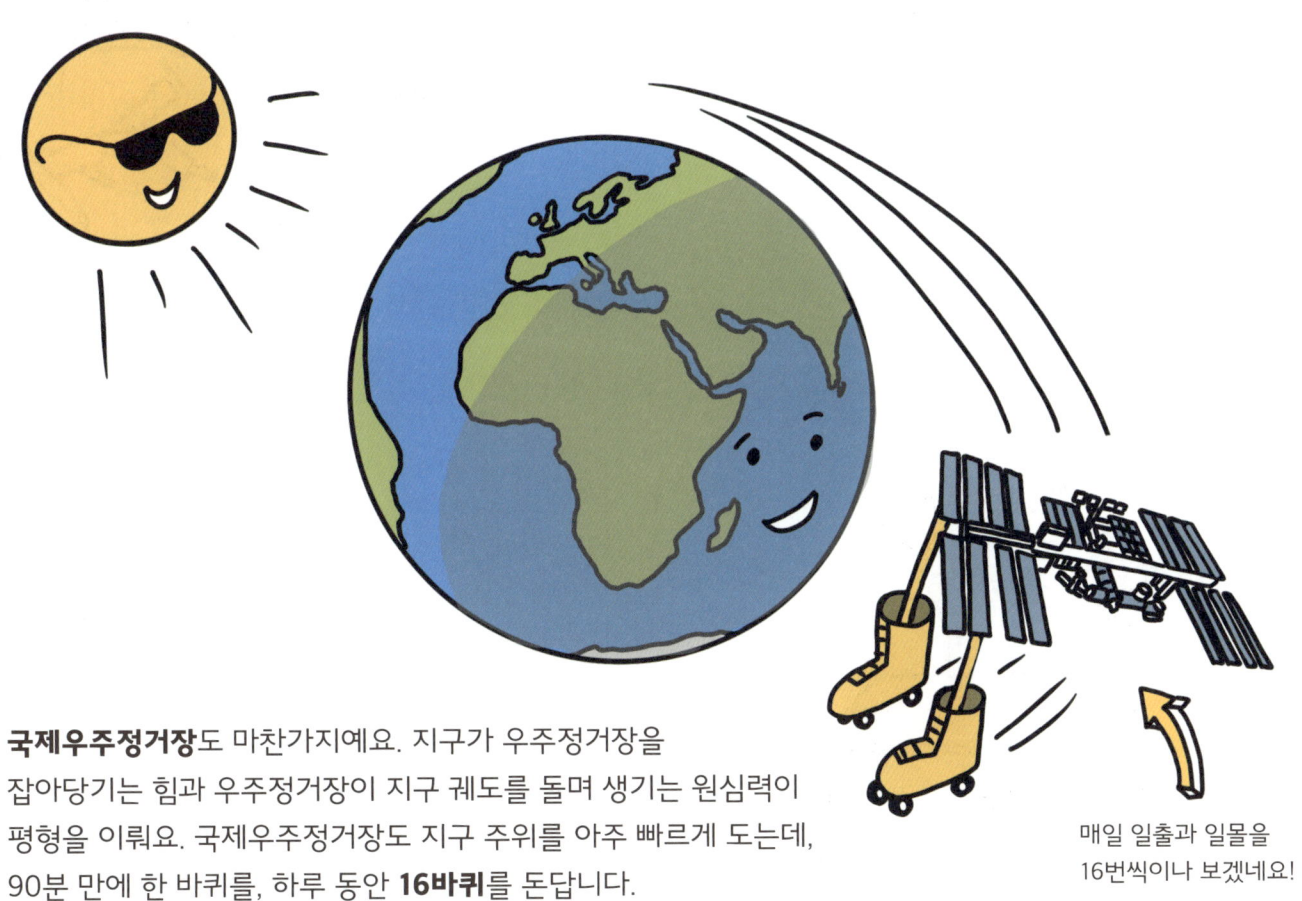

국제우주정거장도 마찬가지예요. 지구가 우주정거장을
잡아당기는 힘과 우주정거장이 지구 궤도를 돌며 생기는 원심력이
평형을 이뤄요. 국제우주정거장도 지구 주위를 아주 빠르게 도는데,
90분 만에 한 바퀴를, 하루 동안 **16바퀴**를 돈답니다.
정말 어마어마하지요?

매일 일출과 일몰을
16번씩이나 보겠네요!

우주에서의 삶은 어떤 모습일까요?

국제우주정거장에서 '하루'는 사실 **90분**에 지나지 않아요!
하지만 우주비행사들은 그리니치 표준시*에 따라 지구에서와 같은 일과를 유지한답니다.
우리처럼 주말도 있어요!

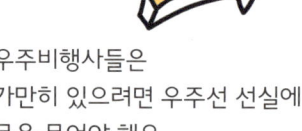

낮잠 시간!
근데 우주에는 위아래가
없는데, 어떻게
잠을 자나요?

우주비행사들은
가만히 있으려면 우주선 선실에
몸을 묶어야 해요.
누워있을 수가 없거든요!

우주비행사들은 건강을 지키기 위해 무조건
잘 먹어야 해요. 하지만 부스러기가 생기거나
액체가 흘러나오면 안 돼요.
실수로 우주선 구석에 들어가면 우주정거장에
손상을 입힐 수 있기 때문이지요.

국제우주정거장에서
아침 식사로 시리얼을 먹는 모습,
상상이 되나요?

* 그리니치 표준시: 세계 시간의 기준으로 영국 런던의 그리니치 천문대를 지나는 자오선을 기준으로 함.

우주로 물품을 보내는 데는 비용이 많이 들어요.
그러니 크기는 작아야 하고,
품질은 오래 유지되어야 하고,
음식이라면 맛도 있어야 하지요!

우주에서 운동은
정말 중요해요!

우주비행사들은 **뼈와 근육**이 쉽게
약해질 수 있어요. 중력의 압박을
이겨낼 필요가 없으니까요.

통! 통! 일하고 휴식하고…

우주에서는 먹고, 자고, 일하고, 청소하고, 우주정거장을 관리하고, 운동을 하고 나서도 놀 시간이 충분하답니다!

우주정거장에서 무엇을 하면서 시간을 보내면 좋을까요?

모든 물체의 무게가 사라진다면 무얼 하고 놀면 좋을까요?

어떤 놀이를 하고 싶은지 아이디어를 적으세요.

제일 좋아하는 취미 활동은 무엇인가요?
우주에서 하면 어떨까요?

가족이나 친구가 보고 싶을 때는
어떻게 하면 좋을까요?

"여러분의 꿈을 다른 사람의 생각에 가두지 마세요!"
- 미국 최초의 흑인 여성 우주비행사, 메이 제미슨

발명을 즐길 시간!

극미중력 상태가 무엇인지 알았으니 이제 한 걸음 더 나아가 우주비행사들의 일상에 도움이 되는 물건을 발명해 볼까요?

> 몸이 우주에서 둥둥 떠다니고 있어도 우리 마음은 여기 지구에 머무를 수 있어요. 여러분의 머릿속엔 어떤 생각이 떠오르나요?

우주에서의 삶에서 받은 영감

  이름

 작동 원리

크게 그려 봐요. 색칠도 하고 설명도 해 주세요! littleinventors.org에 여러분의 아이디어를 공유해 주세요!

우주, 완전히 새로운 생활이 펼쳐지는 곳!

우주에서 생활한다는 것은 말 그대로
우리 일상이 뒤집히는 일이에요!

극복해야 할 문제들이 있지만,
그건 **발명해야 할 완벽한 이유이기도 하지요!**

우주에서 산다는 것은 인간이 할 수 있는
가장 특별하고 멋진 모험일 거예요.
머지않은 미래에 우주 관광이 개발되면
더 많은 사람들이 가깝거나 멀리 있는
행성에 다녀올 기회를 얻겠지요.
그러니 지금부터 준비해 볼까요?

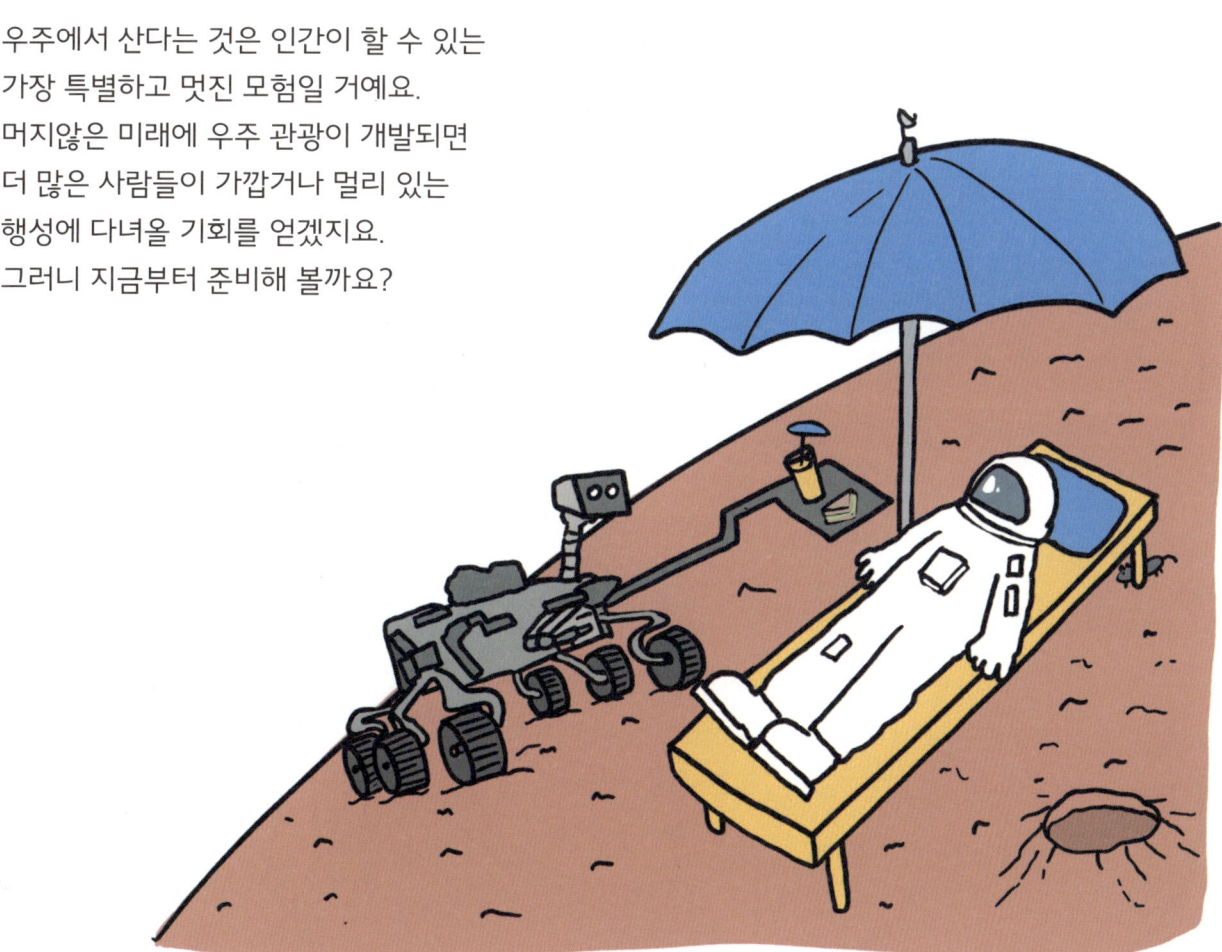

어린이 발명가의 아이디어가…

방귀 냄새 처리기 3000

에밀리, 12세
캐나다, 킹스턴

"고약한 방귀 냄새가 주변으로 퍼진다면? 정말 끔찍하지 않나요? 제가 만든 방귀 냄새 처리기 3000이 있으면 문제없어요. 방귀가 나올 것 같을 때 흡입구를 엉덩이 가까이에 두고 뀌면 되거든요. 참, 노란색 버튼 누르는 걸 잊으면 안 돼요. 그래야 방귀 냄새가 장미 향으로 바뀌거든요!"

Sucks up your gas!

On/off button that tells the green sucker to suck.

Where the fresh air comes out of.

…이렇게 진짜로 만들어졌어요!

에밀리의 아이디어는 캐나다우주국 디자이너 **디안 미니에**가 실물로 제작했어요!

캐나다우주국의 수석운영관리자인 **매튜 카론**은 비좁고 사방이 막힌 공간에서 팀으로 함께 생활하는 우주비행사들에게 딱 좋은 아이디어라고 생각했어요!

"물을 쓰지 않는다는 생각이 멋지더군요. 우주에서 물은 아주 귀하니까요."

재미있는 우주 직업: 우주비(鼻*)행사

수석 냄새 담당관

우주비행사들의 안전을 책임지는 사람들 중에는
'냄새 담당관'도 있어요! 냄새 담당관의 임무는
국제우주정거장으로 가는 모든 물체의
냄새를 맡는 것이랍니다.

국제우주정거장은 **아주 작고 폐쇄된** 공간이에요.
불쾌하거나 나쁜 냄새는 우주비행사들에게
두통, 구역질, 졸음까지도 유발할 수 있답니다!

게다가 이상한 냄새는 우주선에 **뭔가 중대한
문제**가 있다는 초기 신호일 수도 있으니,
냄새 담당관들이 하는 일을 두고 비(鼻)웃으면
안 돼요!

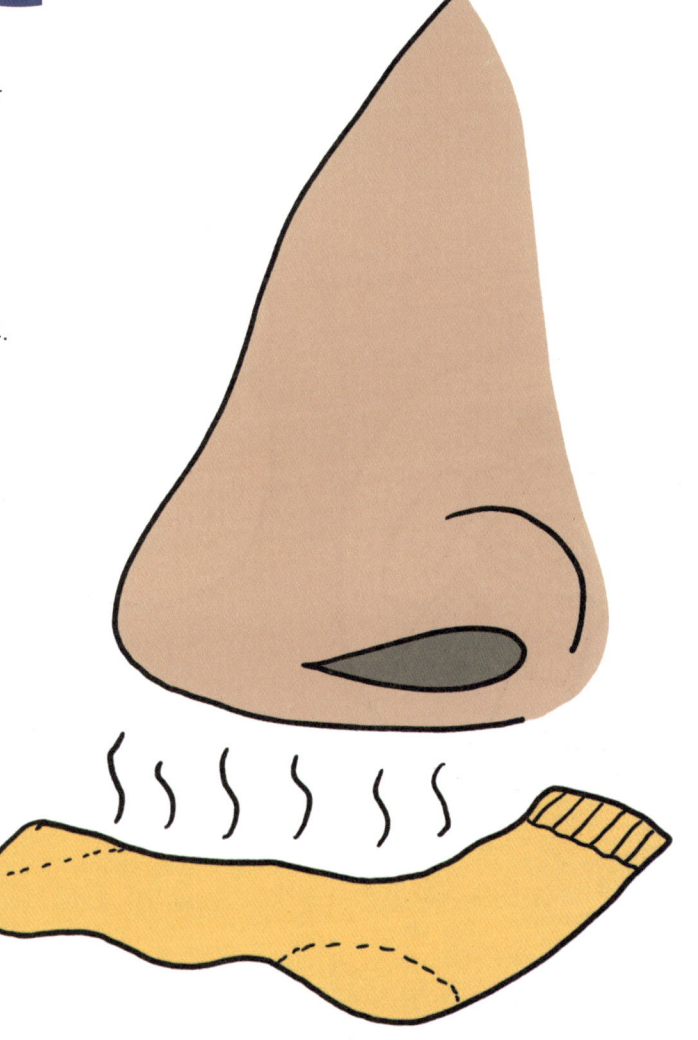

*鼻: 코를 뜻하는 한자

8장

문 워킹, 달 기지, 인류의 도약…

달을 향한 도전

달님, 반가워!

밤하늘에서 가장 크고 밝게 빛나는 달은 아마도
우리와 우주를 연결하는 가장 친숙한 연결고리일 거예요.

달은 우리 일상 곳곳에 함께하고 있어요.
매일 달라지는 모습을 보여주기도 하고,
밀물과 썰물 같은 바다의 움직임을 일으키기도 해요.

또 지금까지 50년이 넘게 우주를 탐사하는 동안
인류가 실제로 착륙에 성공한 유일한 곳이기도 합니다.

달은 **미래의 우주 탐사에서도 굉장히 중요한
자리를 차지하고 있어요.** 인류의 다음 우주 탐사는 분명,
달로 떠나게 될 거예요. 달의 비밀과 특별한 자원들을
연구하기 위해서요.

새로운 개척자 대환영!

인류가 달에 갔던 건 꽤 오래전 일이었지만, 앞으로는 좀 달라질 거예요.

세계의 우주 기관들이 앞으로 몇 년 안에 달에 **인간이 살 수 있는 기지**를 세우고 최초의 여성 우주비행사를 착륙시키려는 의지를 불태우고 있거든요.

국제우주정거장은 그즈음 임무를 끝마칠 예정이에요. 따라서 인간이 지구를 떠나 오랜 기간 살거나 일하는 데 적응할 때, **달 기지**를 이용하게 될 거예요.

다른 행성을 향한 발사대

로켓이 중력을 이겨내려면 엄청난 양의 연료가 필요해요. 그래야 속도를 충분히 내서 궤도에 진입할 수 있어요. 더 멀리 가려 할수록, 더 많은 연료와 물질이 필요해요.

달 기지를 건설하면 행성 간 우주 탐사 준비가 훨씬 쉬워져요. **저궤도**에 위치하기 때문에 이겨내야 할 중력이 그렇게 크지 않거든요. 한 마디로 로켓을 발사하는 데 많은 에너지가 필요하지 않아요!

연료 충전!

과학자들은
달의 남극 주변,
그늘진 크레이터* 안에
물이 얼음 상태로
존재한다는 걸
발견했어요!

* 크레이터: 달 표면에 보이는 거대한 구덩이

엔지니어들은 로켓을 타고 직접 옮길 때보다 훨씬 적은 비용으로 물건을 달까지 운반할 수 있는 **로봇 우주 셔틀**을 만들기 위해 노력하고 있어요.

달은 지구와 **겹치는 구성 성분이 많아서** 연료나 금속, 기타 광물을 채굴할 수 있지요.

가장 큰 문제는
운석 충돌로부터 달 기지를 보호하는
방법을 마련하는 것이에요.
달에는 **대기가 없기 때문**이지요.

스마트폰 등 전자기기에 사용되는
희토류 금속

과학자들은 여전히
달과 지구의 기원을 밝혀내고 싶어 해요.
달 탐사를 계속 진행하다 보면
언젠가 궁금증이 해결되겠지요!

달요일, 화요일, 수요일…

자, **지금은 2030년**이에요!
여러분은 달에서 살며 일하는 최초의 인류고요. 달에서의 일상이 어떤 모습일지 상상해 보기로 해요!

달에서 어떤 직업을 가지면 좋을까요?

아이디어를 글로 쓰거나 그림으로 표현해 보세요.

달에서 돌아다닐 때는 어떤 이동 수단을 이용할까요?

놀러 갈 때 어떤 곳에 가면 좋을지 상상해 보세요.

지구에 있을 때보다 더 어려워지는 것, 또는 더 쉬워지는 것은 무엇일까요?

달까지 가려면 어마어마한 용기가 필요해!

우리 인류가 살기에 정말 힘든 곳, 달에서 살아남으려면
가장 훌륭한 발명품들이 필요해요.
어린이 발명가 여러분이 나설 차례예요!

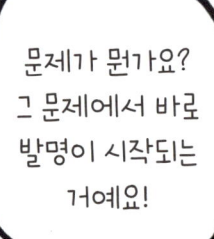

문제가 뭔가요?
그 문제에서 바로
발명이 시작되는
거예요!

달에서 받은 영감

이름

작동 원리

나의 발명품

크게 그려 봐요. 색칠도 하고 설명도 해 주세요!   littleinventors.org에 여러분의 아이디어를 공유해 주세요!

정말로 달에 착륙했군요!

둥둥 떠다니는
기분이겠어요!
아니, 통통 튀는 건가요?
해 보면 알겠죠?!

일상 표현 중에 달에 관련된 내용이 참 많아요.
'달도 차면 기운다', '새벽달 보자고 초저녁부터 기다린다',
'달이 둥글면 이지러지고 그릇이 차면 넘친다'처럼 속담에서도 많이 찾아볼 수 있지요.

오래전부터 달이 사람들의 **상상력을 사로잡았음**을 알 수 있겠지요?
노래, 이야기, 영화에도 달이 등장하잖아요!

그동안 우리 인류는 하늘에 떠 있는 친숙한 '얼굴'을 올려다보며 마음껏 상상의 나라를 펼쳤어요.
그런데 앞으로 몇 년 안에, 달에 가는 일이 **실현될 가능성**이 커졌어요.

하지만 과연 인류가 '지구에서의 경험에서 교훈을 얻고, 달의 환경을 보호하면서,
달의 아름다움과 신비로움을 보존할 수 있을까?'라는 문제는 아직 남아있어요.
더 먼 우주로 나아가기 전에, 우리는 **책임감 있는 우주 시민**이 될 수 있을까요?

아마도 그게 우리가 해결해야 할 커다란 도전 과제가 될 거예요.

어린이 발명가의 아이디어가…

'달'러코스터

브룩, 12세
캐나다, 보드뢰이-도리옹

"제 발명품은 달 주변을 도는 롤러코스터예요. 재미로 탈 수도 있지만 한 곳에서 다른 곳으로 이동할 때도 탈 수 있어요. 진짜 작동할지는 모르겠지만, 자석을 사용하면 만들 수 있어요."

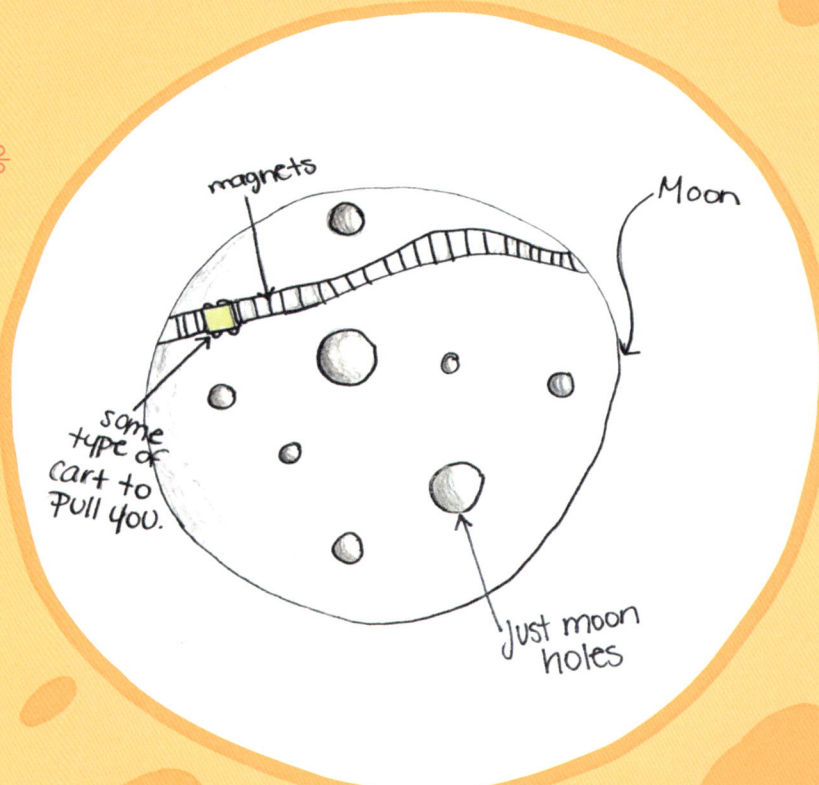

…이렇게 진짜로 만들어졌어요!

리틀 인벤터스의 수석 발명가 **도미닉**이 브룩의 발명품을 모형으로 만들었어요!

"굉장한 아이디어라고 생각했어요. 달을 이동하면서 롤러코스터를 탄다니 정말 재밌잖아요."

"작은 도르래, 황동 막대, 핸들로 형태를 잡아 달을 회전시킬 수 있도록 만들었어요.

스티로폼 공과 석고로 달의 질감을 표현하고, 둥글게 자른 종이에 석고를 발라 크레이터를 표현했답니다."

재미있는 우주 직업: 우주 파일럿

우주선을 조종해 볼까!

엄청나게 무거운 로켓이 대기권과 저궤도 구역을 안전하게 통과하도록 조종한다고 상상해 보세요. 그것도 달나라 거주자들의 안전을 책임지고요. 꽤 부담스러운 일이지요?

우주 파일럿들은 **성층권으로 진출**하기 전까지 지구에서 아주 많은 비행 경험을 쌓아야 한답니다. 우주에 나갔을 때 발생할 수 있는 어떤 상황에서도 대비할 수 있어야 하니까요.

보통 항공기 조종사들은 1년에 두 번씩 모의 비행 장치에서 훈련을 받지만, 우주 탐사를 위해서는 **하루에 두 번씩** 훈련받아요!

9장

작은 발걸음이 거대한 도약으로…

화성에 생명체가 있을까?

> 나 좀 이상하게 걷고 있니?

제2의 지구?

은하계에 있는 모든 별과 마찬가지로,
지구도 변화를 맞이하게 될 거예요.

과학자들에 따르면 **언젠가는 지구도 생명체가 살 수 없는 곳**이 될 거라고 해요.
그렇다고 너무 놀라거나 무서워할 필요는 없어요.
앞으로 수억 년 동안 일어나지 않을 일이니까요.
그런 상황을 한 번쯤 생각해 볼 필요는 있겠지만요.

다른 행성에 인간의 보금자리를 마련하는 것은
우리 인류가 앞으로도 종족을 계속 유지하기 위해
필요한 일이에요.

일단 우리가 달에서 살 수 있게 되고 우주 탐사를 계속할 준비가 되면,
다음 목표는 분명히 **화성**이 될 거예요.

하지만 이 붉은 행성에 발을 내딛기 전에
먼저 많은 것을 배우고 알아내야 해요.

어떤 과학자들은 **소행성 충돌**로 공룡이 멸종했다고 주장하는데, 똑같은 일이 또 일어날 수도 있어요.

40-50억 년 후에는 태양이 수명을 다하면서 크기가 점점 커지다가 지구까지 삼켜버릴 수도 있어요.

지금으로부터 몇 억 년 후...

아니면 **엄청난 화산 폭발**이 지구를 위협할 수도 있고요!

삼켜버리지 않는다 해도, 지구 생명체들이 살아가는 데 필요한 에너지를 더 이상 얻을 수 없을지도 몰라요.

기후 변화로 인해 지구의 온도가 올라가다 보면 점점 지구에서 살기 힘들어질 수도 있고요.

붉은 행성, 화성

우리 인류가 화성에 가려고 노력하는 건 이해할 만한 일이에요.

화성은 크기가 지구의 절반 정도로, 지구의 '가까운' 이웃 행성인 데다 태양계에서 지구와 가장 비슷한 행성이기도 해요. 우리는 지금까지 궤도 탐사선과 표면 탐사선을 이용해서 화성을 꾸준히 탐사해 왔어요.

지금까지 탐사선으로 알아낸 사실은, 아주 오래전 화성에 분명히 물이 있었고 지금보다 더 따뜻하고 두꺼운 대기층이 있어서 아마도 생명체가 살기에 아주 좋은 곳이었을 거란 거예요. 하지만 수십억 년 동안 대기층 대부분이 우주 공간으로 사라지면서 화성은 지금의 건조하고 차가운 행성이 되어버렸어요.

아주 미세한 먼지 때문에 화성의 공기가 주황색으로 보여요.

화성 토양과 암석에 있는 녹과 같은 산화 철 성분 때문에 화성이 붉게 보이는 거랍니다.

화성은 중력이 지구보다 약하기 때문에 훌쩍 아주 멀리 뛸 수 있어요.

화성은 몹시 춥고 건조해요. 평균 기온이 영하 60도 정도로 남극에서도 가장 추운 겨울 날씨와 비슷하죠!

과학자들은 화성에서 생명체의 흔적을 찾기 위해 노력하고 있어요. 지금 존재하거나 혹은 과거에 존재했던 생명체의 흔적을요. 또 더 나은 화성 표면 '지도'를 만들어서 화성이 어떻게 변화해 왔는지 알고자 노력하고 있어요.

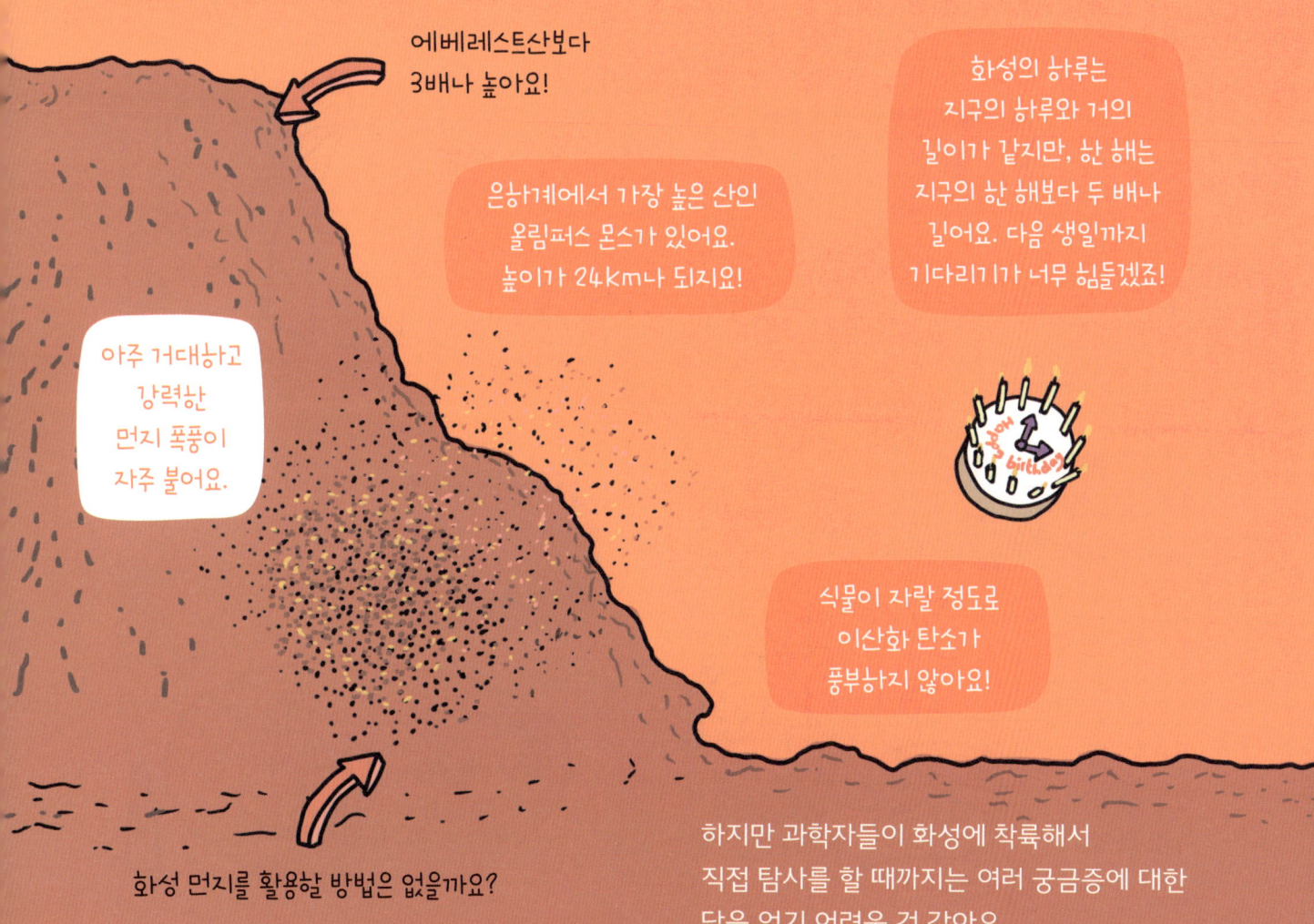

에베레스트산보다 3배나 높아요!

은하계에서 가장 높은 산인 올림퍼스 몬스가 있어요. 높이가 24km나 되지요!

화성의 하루는 지구의 하루와 거의 길이가 같지만, 한 해는 지구의 한 해보다 두 배나 길어요. 다음 생일까지 기다리기가 너무 힘들겠죠!

아주 거대하고 강력한 먼지 폭풍이 자주 불어요.

식물이 자랄 정도로 이산화 탄소가 풍부하지 않아요!

화성 먼지를 활용할 방법은 없을까요?

하지만 과학자들이 화성에 착륙해서 직접 탐사를 할 때까지는 여러 궁금증에 대한 답을 얻기 어려울 것 같아요.

해결해야 할 문제들

달과 마찬가지로, 화성도 무작정 가서 살 수 있는 곳이 아니에요.
화성까지 가는 데만 몇 달이 걸리기 때문에, 매번 지구에서 필요한 물품을 받지 않고도 살 수 있는 방법을 찾아야 해요.

압력을 유지해 주는 옷과 집이 필요해요.

화성은 인간이 살기에 **기압**이 너무 낮아요. 몸속의 침과 피가 순식간에 끓어오른다고 해요!

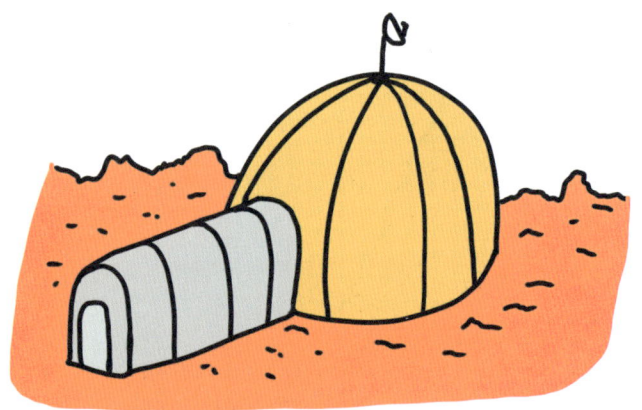

물을 재활용할 수 있는 기발한 방법을 찾아야 해요

화성에는 꽁꽁 얼어붙은 얼음만 있어서 이용할 수 있는 **물이 아주 적어요.**

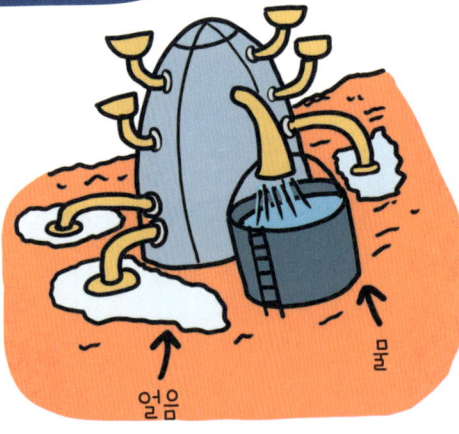

식량을 생산할 방법을 찾아야 해요

화성의 토양은 **독성**이 강해서 동식물이 살 수 없어요.

따라서 사람이 살기에 적합한 행성으로 만들려면, 화성을 대대적으로 바꿔놓을 방법을 찾아야 해요. 이를 **테라포밍**이라고 해요.

지구의 대기층에는 **온실가스**와 **이산화 탄소**가 많으므로, 화성에 지구와 비슷한 대기층을 만들려면 온실가스와 이산화 탄소가 반드시 필요해요.

이들은 지구에서 열기를 가둬놓듯이, 화성에서는 온도를 높여주고 태양 방사선에서 우리를 보호하는 역할을 할 수 있어요.

하지만 현재 화성에는 그런 역할을 하기에 이산화 탄소가 충분하지 않고, 지구에서 이산화 탄소를 가져갈 방법도 없답니다!

나만의 행성 디자인!

과학자들이 모든 문제들을 해결해서 이제 화성에서 살 수 있게 되었다면?
어린이 발명가 여러분, 화성에 여러분만의 도시를 만들어 볼까요?

여러분이 상상한 도시를 그려 보세요.

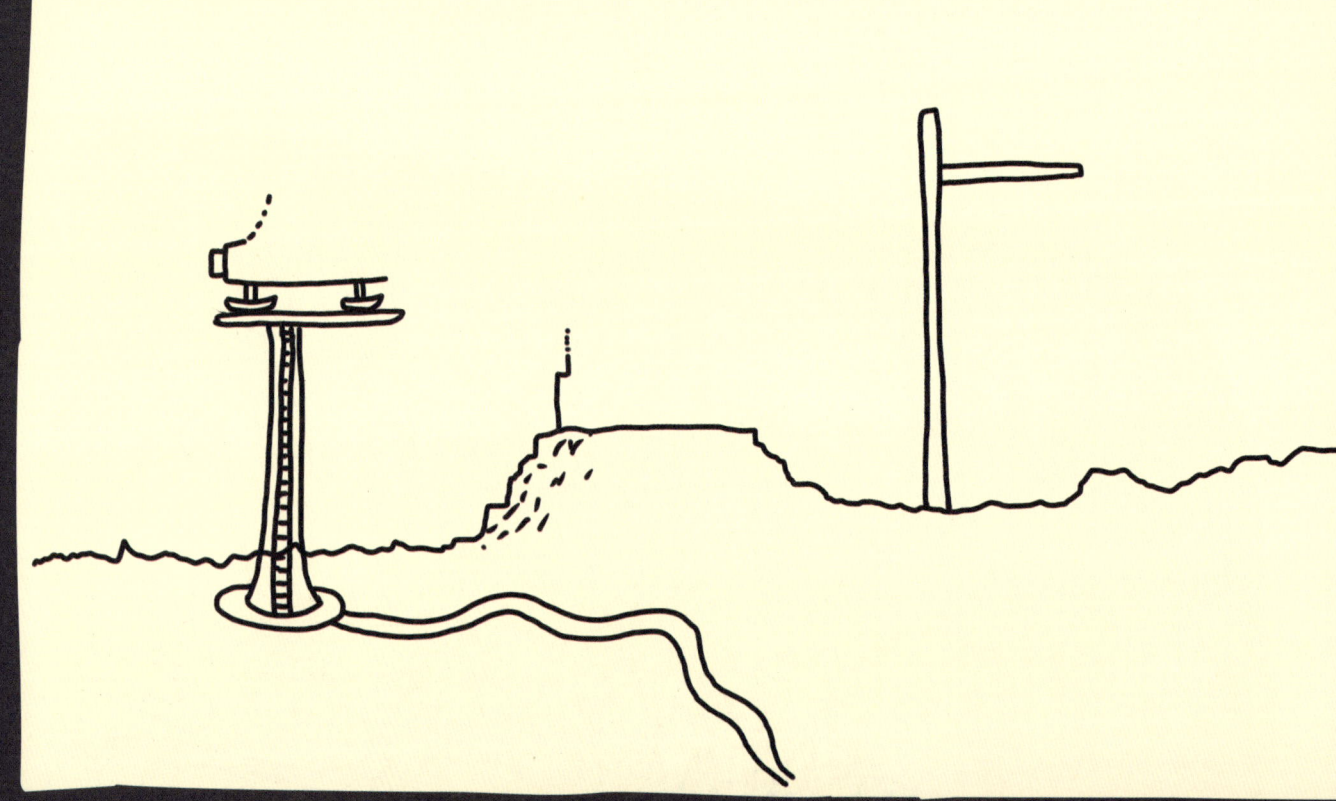

여러분의 집은 어떤 모습인가요?

음식은 어디서 얻나요?

어디서 친구들을 만나죠?

화성에 어울리는 아이디어 떠올리기

어떤 일을 가로막는 어려움이 겹겹이 쌓여있을 때,
해결하는 가장 좋은 방법은 상상력을 마구 발휘하는 거예요!
자, 화성에서 생명체가 살 수 있도록 도우려면 어떻게 하면 좋을까요?

아이디어가 뻗어 나가려면 자라날 수 있는 여유 공간과 흥미로운 사실들을 듬뿍 줘야 해요. 마치 식물을 키우듯이요!

화성에서 받은 영감

이름

작동 원리

나의 발명품

크게 그려 봐요. 색칠도 하고 설명도 해 주세요!   littleinventors.org에 여러분의 아이디어를 공유해 주세요!

붉은 행성에 어울리는 레드카펫 타임입니다!

화성에서
대단한 인기를 얻어서
발명상까지 받게 됐어요…

화성에 지금 생명체가 존재하는지, 아니면
앞으로 존재할 수 있을지는 아직 몰라요.

…그런데 우리 인류가 원래 화성에서 살았다는 이론도 있답니다.

화성에서 온 운석이 지구에 떨어지면서 지구상에 생명을 탄생시킨
최초의 성분들을 옮겨줬다고 주장하는 과학자들도 있어요.

그게 사실이라면 **우린 모두 화성인**인 셈이죠!

운석이 지구에 떨어졌다는 게 대단한 행운이었겠죠.
현재의 지구는 화성보다 훨씬 더 생명이 살기에 적합하니까요!

이게 정말인지 확실히 알아보려면 화성에 가보는 방법밖에 없을 거예요.

어떻게 될지 계속 지켜보자고요!

어린이 발명가의
아이디어가…

자외선 식물 재배 시스템

조슈아, 11세, 캐나다, 네핀

식물 재배는 우주에서 살기 위해 꼭 해결해야 할 문제예요. 챙겨가야 할 식량을 줄이려면요!

"제 발명품 안에 식물이 있어서 산소를 공급해 줘요. 재배 시스템에 물탱크와 컨베이어 벨트가 붙어있고, 자외선을 이용하지요."

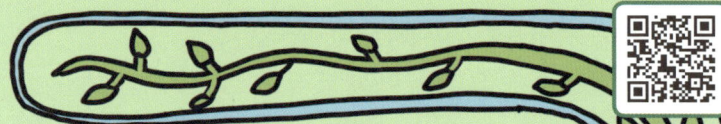

조슈아의 아이디어는
잡지 〈아퀼라Aquila〉의 편집자이자
수석 제작자인 **프레야 하디**가
실제 모형으로 만들었어요.

…이렇게 진짜로 만들어졌어요!

"실물 제작이 아주 재밌었고,
또 아주 어려웠어요!

모자 상자에 둥글게 길을 만들고,
식물 캡슐에 바퀴를 달아 움직이도록
했어요. 마치 회전목마처럼요.

또 정원용 장식품에 쓰는
모터를 붙였지요.
모터는 배터리로 움직여요.

묘목을 보호하기 위해
큰 플라스틱 덮개를 씌워줬어요.

작은 우주비행사들이 주변을
움직이게 해 진짜로 시스템이
작동하는 것처럼 보이도록 하고
싶었답니다."

우주와 관련된 신기한 직업: 우주 생물학자

우주의 생명체를 탐색하라!

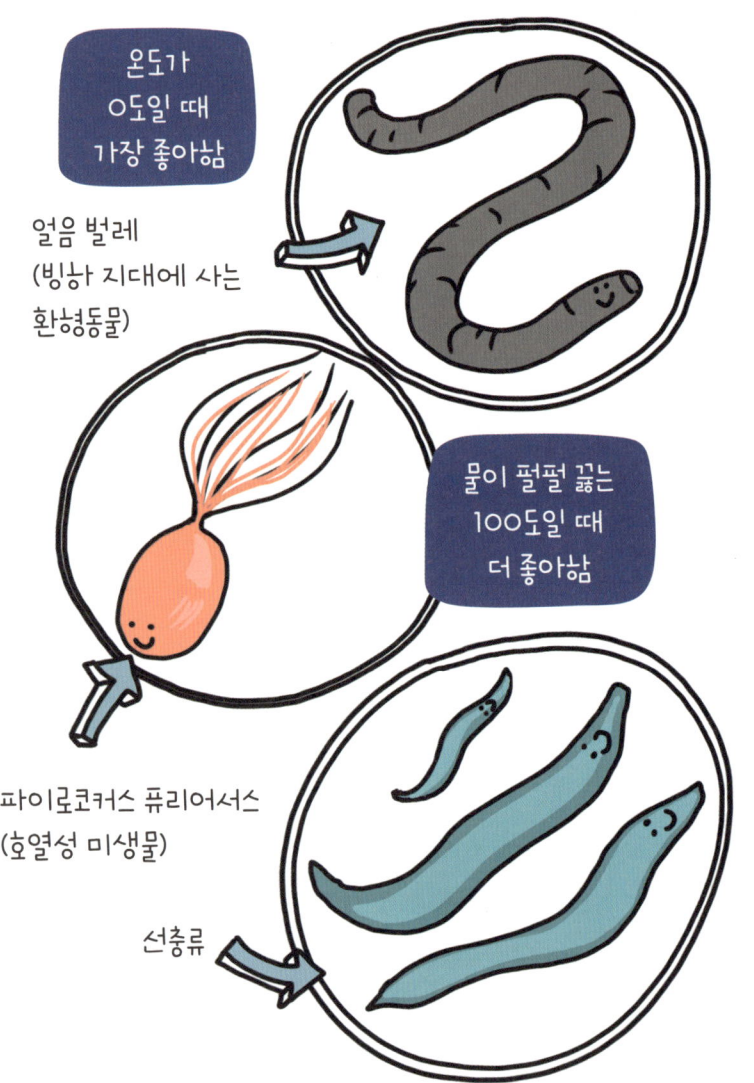

온도가 0도일 때 가장 좋아함

얼음 벌레
(빙하 지대에 사는 환형동물)

물이 펄펄 끓는 100도일 때 더 좋아함

파이로코커스 퓨리어서스
(호열성 미생물)

선충류

지구나 우주에서 생명이 어떻게 시작되었는지 이해하기 위해 극한의 환경에서 살아가는 생명체를 연구하는 방법이 있어요. 맨눈으로 보이지 않는 생명체도 포함해서 말이죠!

얼음 벌레나 **파이로코커스 퓨리어서스** ('급하게 움직이는 불덩이'라는 뜻)에 대해 모조리 알아내는 것처럼 말이에요. 생명체가 살기에 적합해 보이지 않는 곳에서도 잘 살 수 있는 생명체가 있으니, 우주에서 생명체를 찾으려는 노력에 의미가 있음을 보여줄 수 있겠지요.

과학자들은 벌레의 일종인 **선충류**를 우주로 보내기까지 하고 있어요. 얼마나 잘 적응할 수 있는지 알아보기 위해서지요!

10장

탐구하고, 관찰하고, 미래를 꿈꾸는…

나는 '우주' 발명가!

축하합니다!
지금까지 잘 따라와 주었어요! 정말 특**별**한 친구군요!

여러분의 멋진 아이디어는 지구를 벗어나 **우주까지 뻗어 나갈 거예요!**

여러분의 아이디어를 세상에 보여주세요!

지금까지 우리는 어떻게 하면 우주 탐사와 관련된 아이디어를 낼 수 있는지 알아보았어요. 이제 여러분의 아이디어를 세상 모두와 공유할 시간이에요!

책에 이 아이콘이 나올 때마다, 여러분의 발명 아이디어를 사진으로 찍어 **littleinventors.org**에 업로드하세요. 몇 단계만 거치면 아주 간단하게 올릴 수 있어요.

여러분의 발명품은 온라인으로 누구나 볼 수 있어요.
우리는 올라온 모든 아이디어를 직접 살펴보고 의견을 들려줄 거랍니다.

여러분의 아이디어가 선정되어 실제 발명품으로 만들어질지도 몰라요!

**과연 어떤 아이디어가 올라올까요?
정말 기대돼요!**

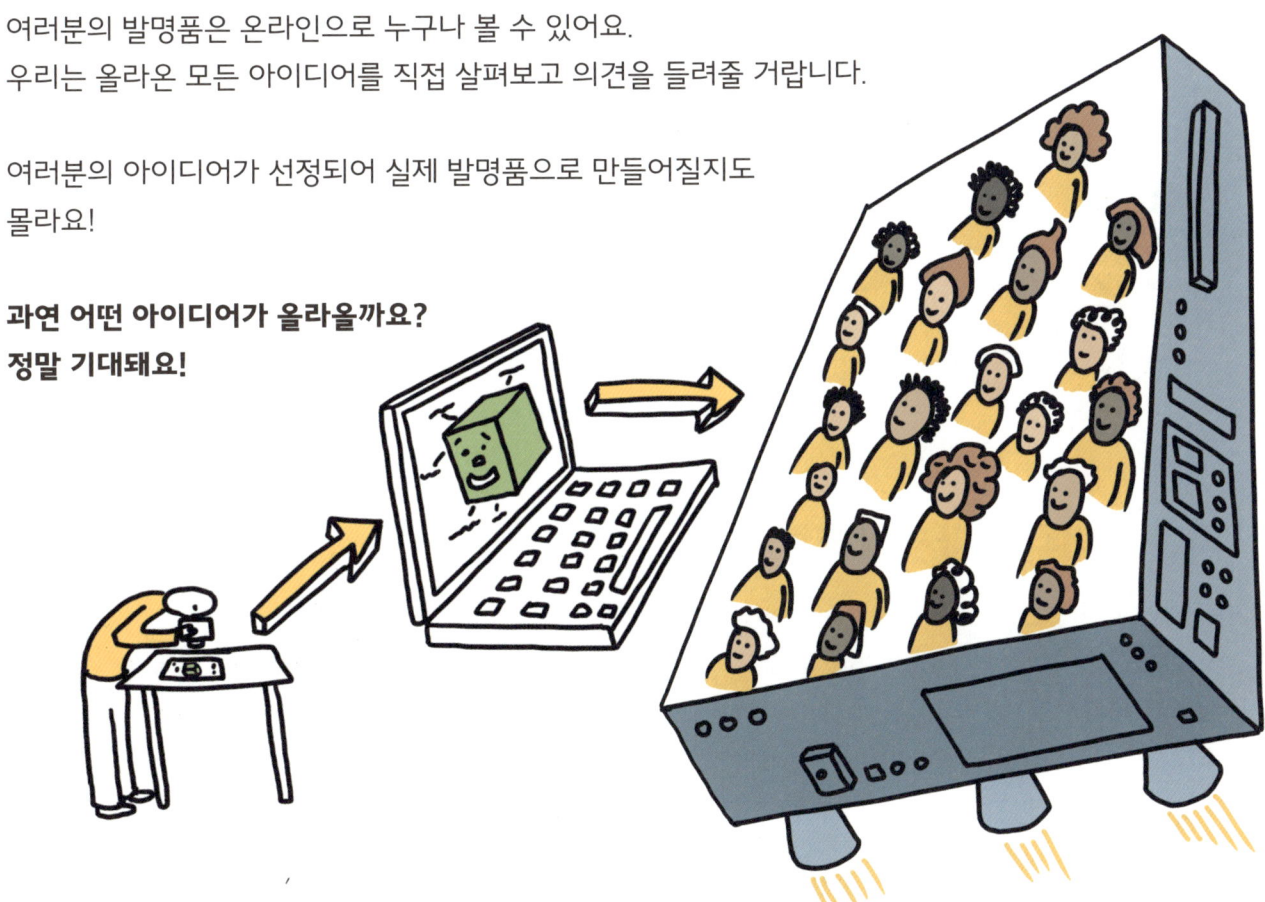

아이디어를 더 멋지게 발전시키기

굉장한 아이디어를 생각해 내고, 그림으로 표현하고, 리틀 인벤터스에 공유했다면, 그걸로 끝인가요? 절대 아니죠!

바로 우주처럼, 우리의 상상은 끝이 없어요. 발명 아이디어도 언제든지 더 낫게 만들거나 새로운 아이디어로 재탄생시킬 수 있어요.

인터넷 탐색하기

인터넷에서 여러분의 아이디어와 비슷한 발명품이 있는지 조사해 보세요. 여러분의 발명품과 어떻게 다른가요? 여러분의 발명품을 어떻게 바꾸면 더 특별해질까요? **이미 있는 것을 더 낫게 만들어서** 새로운 발명품이 탄생할 때도 꽤 있어요. 여러분의 생각은 어떤가요?

자고 일어나서 다시 살펴보기

말 그대로 꼭 자고 일어나야 하는 건 아니에요! 하지만 아이디어에서 잠시 벗어났다가 돌아와서 **새로운 마음으로** 아이디어를 다시 살펴보세요. 수정하고 싶은 부분이 있나요?

모형 만들기

예술가나 디자이너들도
아이디어를 떠올릴 때, 첫 단계에서는
여러분처럼 그림을 그려요.
하지만 실제 작품을 만들기 전에는
테스트를 위해 **모형을 만들지요!**

여러분도 주변에서 쉽게 구할 수 있는
재료를 재활용해서 모형을 만들 수 있어요.

미래 상상하기

누군가 여러분의 발명품을 오랫동안
사용했다고 상상해 보세요.
다른 방식으로 사용하고 있지는 않나요?
아니면 생각지도 못했던 누군가가
사용하고 있지 않나요?

옛날 옛날에 발명품이 있었는데…

아이디어를 떠올리는 것은 정말 대단한 일이에요! 이번엔 발명품이 만들어진 다음에 과연 어떤 일이 벌어질지 상상해 볼 거예요. 여기에 여러분의 발명품에 관한 만화를 그려보세요!

만화 제목

만화 속 등장인물

만화 속 장소와 시간

정말 끝인가요? 아니면 뒷이야기가 있나요? 혹시 이 만화를 끝으로 굉장한 모험이 시작되진 않나요?
그렇다면 계속 이야기를 써 보세요!

발명가의 기록

한꺼번에 여러 아이디어가 떠오를 때가 있지요?
좋은 아이디어를 깜빡할 때를 대비해서 여기에 적어 두기로 해요!

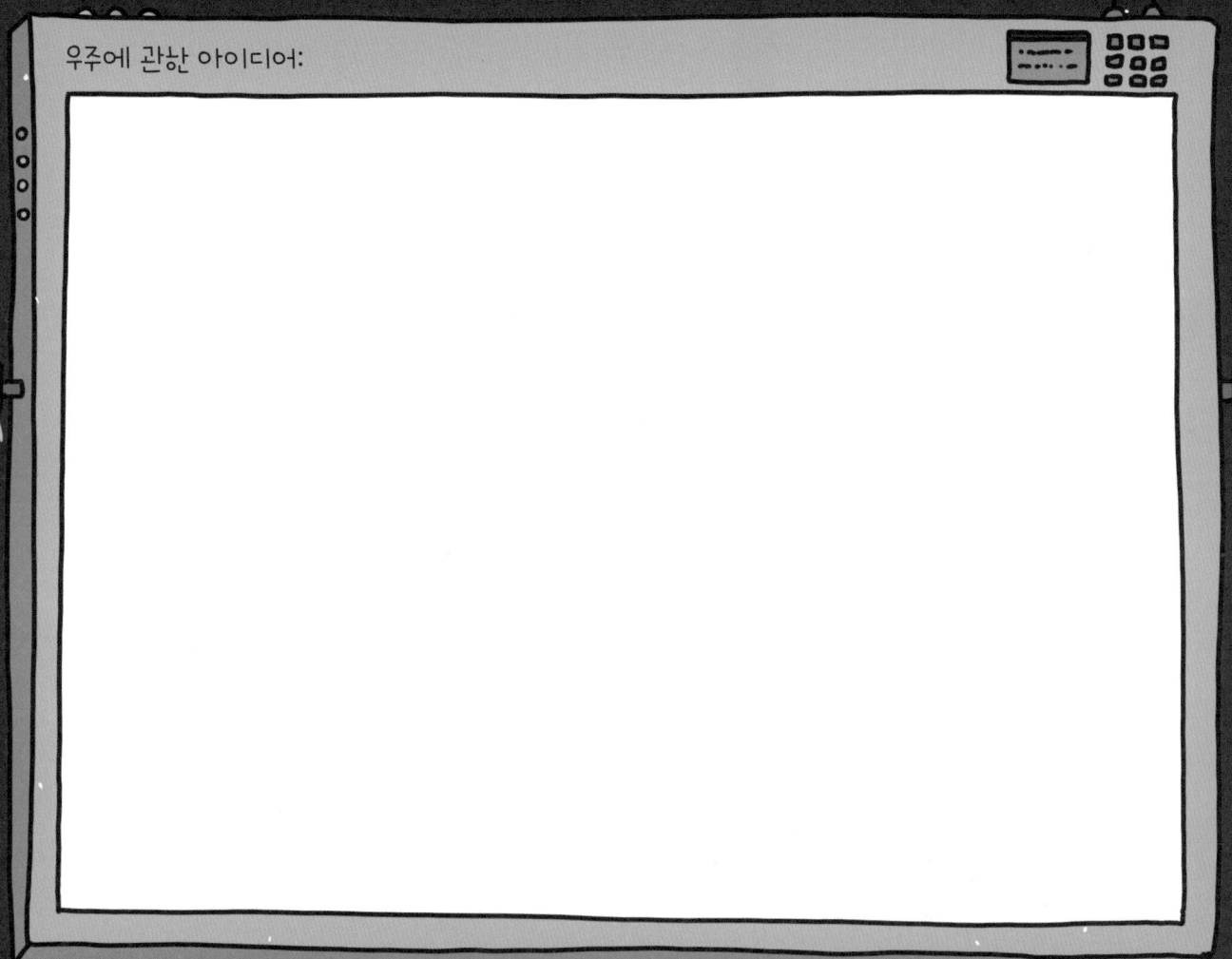

우주에 관한 아이디어:

돕고 싶은 사람들:

해결하고 싶은 문제들:

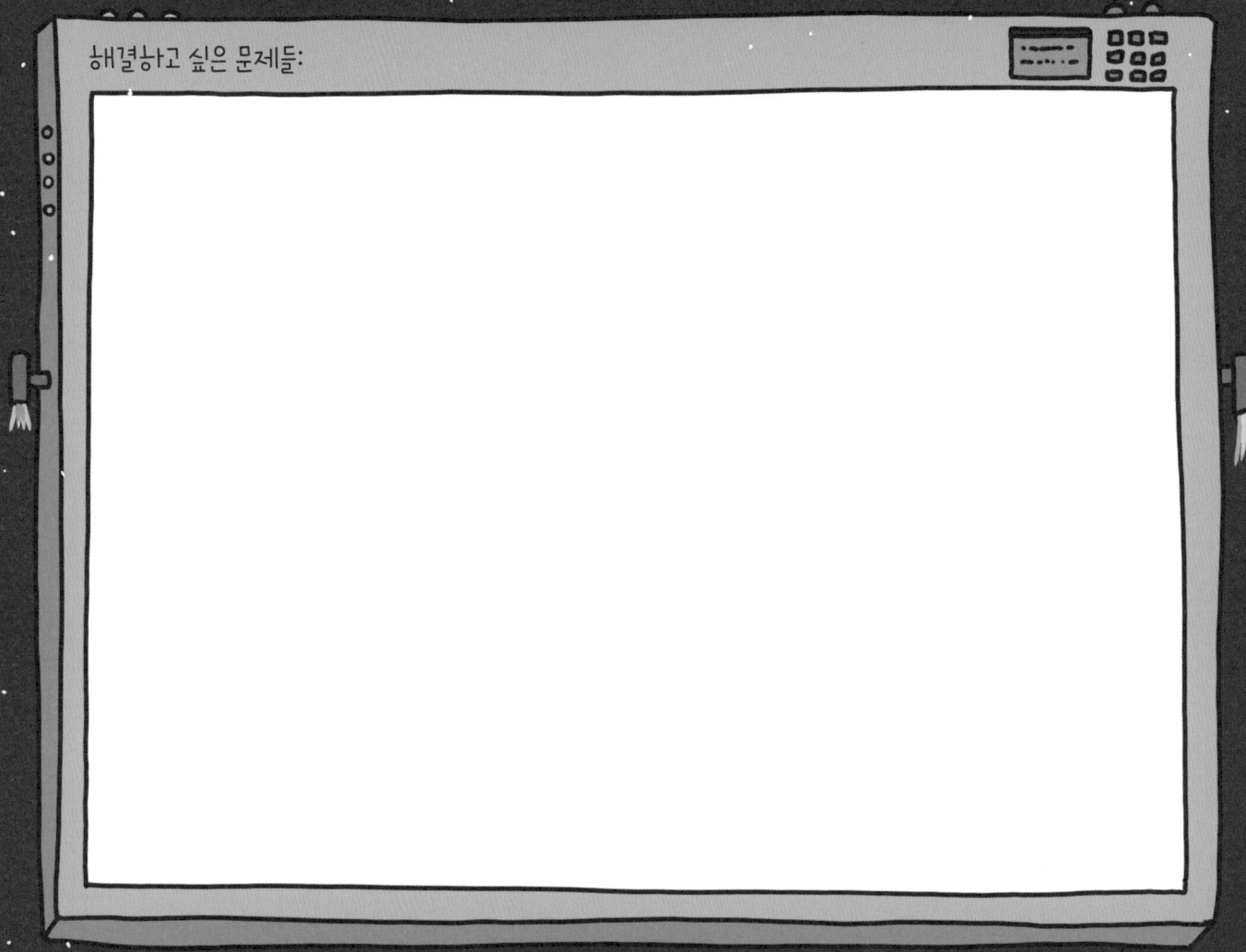

littleinventors.org에서 발명 시트 등 많은 자료를 추가로 다운로드할 수 있답니다.
늘 새로운 도전 과제가 나와 있으니 도전해 보세요!

11장

어른에게도

발명이 위대한 이유

내일을 꿈꾸는,
반짝이는 발명가가 될 어린이들…

우주는 정말 인기가 많은 주제예요.
과학자부터 몽상가에 이르기까지 다양한 방식으로
사람들의 상상력을 사로잡고 있어요.

누구나 우주를 즐길 수 있다는 것, 따라야 할
규칙이 없다는 점이 특히 매력적이지요.

어린이들의 상상력은 우주 그 자체처럼 무한해요.
계속 탐구하고 아이디어를 발전시키도록 격려한다면
세상을 열린 마음으로, 끝없는 호기심의 눈으로
바라보게 될 거예요.

**어린이들이 창의성을 키우고 아이디어에 자신감을 느끼도록
도와줌**으로써 어린이들에게 더 밝고, 크고, 재미있는 미래를
열어줄 수 있어요.

지금의 어린이들이 나중에 살 세상은 지금보다 우주가
훨씬 더 중요한 역할을 할 거예요.

우주에서 일하고 사는 하루가 **현실이 될 수도 있어요.**
인류가 은하계 너머 우주로 나아가며 어떤 발견을 할지
아무도 모르는 일이지요. 우리가 세상을 바라보는 방식 자체가
완전히 바뀔 수도 있어요!

자신을 넘어서는 꿈을 꾸고 평범함의 한계를
뛰어넘으려는 시도는 아주 자연스러운 일이에요.
하지만 어른인 우리는 새로운 것에 도전하고, 실수하고,
틀리는 것을 **두려워**하는 경향이 있지요.

어린이들에게는 모든 것이 새롭고, 신선하고, 흥미진진해요.
그러니 **할 수 있을지 없을지에 대한 판단은 잠시 멈추세요.**

상상력만 있다면 놀라운 일이 일어날 수 있음을 기억하세요.
여러분 주변의 어린이 발명가가 생각해 낸 환상적이고,
사려 깊거나, 완전히 말도 안 되는 아이디어들을
실컷 칭찬해 주세요.

어린이들이야말로 미래의 주인공들이에요.
아이들이 지금처럼 미래에도 반짝반짝 빛날 수 있도록
도와주세요.

어른을 위한 조언

불가능한 건 없어요
물리 법칙 따위는 신경 쓰지 말고
자유롭게 탐색해요!

뭐든지 괜찮아요!
사소한 것이든, 대단한 것이든
어린이 발명가에게는
모두 새로운 일이에요.
관심을 이어 갈 수 있도록
격려해 주세요!

**호기심을
키워주세요**
아주 작은 것이라도
어린이들이 관심을 두고
더 알고 싶어 하는 것을
찾으세요!

**어린이에게
주도권을 주세요**
상상력을 발휘할 때만큼은
아이에게 주도권을 주는 것이
좋아요.

**함께 하늘을
올려다보세요!**
밤하늘을 마주하고 우주에서
벌어지는 일들을 상상하세요.
별이 탄생하고, 위성이 궤도를 돌고,
또 다른 생명체가 살아가는
모습을요.

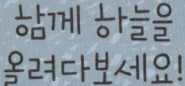

**어린이의
눈으로 바라보세요**
어른인 우리는 많은 것들을
당연히 여기지만, 어린이들은
달라요. 어린이의 눈으로
세상을 바라보세요!